Setter

Horst Bielfeld

Setter

Auswahl · Pflege · Erziehung

FALKEN

Inhalt

Wichtiges auf einen Blick

Inhalt

Vorwort

Die Setterrassen sind auf den Britischen Inseln als Jagdhunde gezüchtet worden. Sie gehören zu den sogenannten Vorstehhunden (unten im Bild ein Irish Setter in Vorstehpose), was bedeutet, daß sie mit ihrer überaus feinen Nase besonders Federwild nicht aus seinem Versteck aufscheuchen, sondern wie erstarrt davor verharren, bis sie den entsprechenden Befehl von ihrem Menschen erhalten. Außer zum Vorstehen bewähren sich Setter sehr gut als Such- und Apportierhunde. Dem, der einen Setter zur Jagd ausbilden und einsetzen will, ist dieser ein lerneifriger, unermüdlicher Gefährte.

Heute werden Setter ihrer Schönheit und Eleganz wegen überwiegend als Familien-, Haus-, Begleit- und Ausstellungshunde gehalten. Wer einen dieser Hunde also aufgrund seiner über die Jagdpassion hinausgehenden vielseitigen Eigenschaften und seines freundlichen Wesens als Familienhund halten möchte, findet in ihm einen ebenso lieben wie anhänglichen und aufmerksamen Gefährten. Man sollte allerdings nie versäumen, dem ausgeprägten Bewegungsbedürfnis des Setters Rechnung zu tragen. Damit seine Besitzer ungetrübte Freude an und mit ihrem Setter haben, muß dieser außerdem zu absoluter Disziplin erzogen werden. Nur so wird er den herausfordernden Wildwitterungen widerstehen, die seine superfeine Nase aufnimmt.

Die Geschichte der Setter

Der Ursprung der Setter

Alle britischen Setter haben wahrscheinlich dieselben Vorfahren: langhaarige und weißbunt gefärbte Hunde, sogenannte Vogelhunde, wie sie auf Gemälden niederländischer Meister des 15. und 16. Jahrhunderts zu sehen sind. Ferner sollen Spaniels und die seit Jahrhunderten in Frankreich gezüchteten Épagneuls an der Entstehung der Setterrassen beteiligt gewesen sein und schließlich auch die Spanischen Pointer, denen das Vorstehen und Anzeigen (to point) des (Feder-) Wilds schon im 16. Jahrhundert im Blut gelegen haben soll – eine Fähigkeit mit langer Tradition. Denn schon vor unserer Zeitrechnung sind Hunde beschrieben worden, die vor dem Wild stehenblieben, um es anzuzeigen, statt es sofort zu hetzen.

Der aus Spanien stammende Pointer gehört zu den Vorfahren der Setter

Diese Eigenschaft wußten die Jäger zu schätzen, waren sie dadurch doch bei der Pirsch auf die Begegnung mit dem Wild vorbereitet, statt durch voran-stürmende, aufscheuchende Hunde in Zugzwang zu geraten. Bevor man das Federwild mit Schrot jagen konnte, fing man es, indem man Netze über seine Verstecke warf. Danach durften die Hunde nachziehen, das Wild also in die Maschen treiben. Diese Jagdme-thode hat im 16. Jahrhundert der Wis-senschaftler und Arzt am Hofe Köni-gin Elisabeths I., J. Cajus, beschrieben. Die Jagd galt beim kontinentalen wie beim britischen Adel als bevorzugter standesgemäßer Zeitvertreib, wobei Pirsch auf Federwild im Zuge der zunehmenden Rodung von Wald-gebieten immer mehr an Bedeutung gewann. Die dafür geeignetsten Hunde waren ebenjene Setter, früher „setting dogs" genannt, die sich hin-setzten oder hinlegten, sobald sie die Witterung in der Nähe versteckter

Rebhühner, Wachteln oder anderen Federwilds aufgenommen hatten.
Bei der Zucht dieser frühen Setter war die Tauglichkeit zum Jagdhund das entscheidende Kriterium. Dabei spielte die Färbung zunächst kaum eine Rolle. Die meisten Hunde waren weißbunt, weiß-rot, weiß, rot und schwarz gescheckt oder getüpfelt, wie schon die meisten ihrer Vorfahren. Viele der meist adeligen Züchter hiel-ten zahlreiche Hunde und kreuzten ziemlich willkürlich andere Hunde ein, um ihre Zucht nach Leistung und Aussehen zu verbessern. Und für einige war es schon damals wichtig, eine ganz bestimmte Färbung ihrer Hunde zu erreichen. So haben sich die ver-schiedenen Setter-formen heraus-gebildet.

![] *Irish Red and White Setterhündin in Starpose*

Auf den Britischen Inseln züchtete man während des 17. und 18. Jahrhunderts in drei verschiedenen Gegenden drei unterschiedliche Settervarianten. Die Spezialisierung der Rassen, besonders dem Aussehen nach, erfolgte erst allmählich und wurde etwa seit 1820 konsequenter betrieben.

Hundeschönheiten in vier Varianten

Irish Red and White Setter

Fragt man die Iren nach der Herkunft des Setters, so erhält man häufig die Antwort, diese Hunde seien schon mit den Kelten, also ihren eigenen Vorfahren, aus Nordfrankreich nach Irland gekommen. Daß rote und orangefarbene Spaniels aus der Bretagne und der rot-weiße Irish Spaniel sowie der ebenfalls rot-weiße Welsh Springer Spaniel zu den Vorfahren der irischen Setter gehören, wird allgemein angenommen.

Der Irish Red and White Setter wurde vor allem im Westen Irlands in den ausgedehnten Moorgebieten bei der Jagd auf das Moorschneehuhn eingesetzt. Sein Haarkleid wies große weiße Partien auf. Dadurch konnten die Jäger in der düsteren herbstlichen Landschaft ihre Hunde besser erkennen.

Leider sind die rot und weiß gescheckten Setter, die im 18. Jahrhundert von einer Reihe namhafter irischer Familien gezüchtet wurden, seit

Ende des 19. Jahrhunderts zunehmend in Vergessenheit geraten. Auf Gemälden und in Wappen aus dieser und noch früherer Zeit sind sie gelegentlich zu sehen.

Es ist also anzunehmen, daß zunächst vorwiegend Hunde dieser rot-weißen Art gezüchtet wurden. Sie stellten über lange Zeit hinweg den Typus des irischen Setters dar, bis die reinroten Hunde in Mode kamen.

Freunde dieser ursprünglichen rot-weißen Variante versuchten alles, um die in den siebziger Jahren des vergangenen Jahrhunderts fast ausgestorbene Rasse wiederzubeleben – mit Erfolg. Nachdem sich ein 1944 zur Pflege der Rasse neu gegründeter Verein und seit 1970 der British Kennel Club darum bemühten, fand sie am 10. April 1989 als „Irish Red and White Setter" durch den Welthundeverband, die Fédération Cynologique Internationale (FCI) volle Anerkennung als eigenständige Rasse.

Vom Äußeren her unterscheiden sich die rotweißen Hunde durch einen kürzeren, kräftigeren Körperbau sowie weniger langes Haar und eine weniger üppige Befederung von den einfarbig rot- bis mahagonibraunen Irish Red Settern, die ja ebenfalls aus den rotweißen Hunden gezüchtet worden sind.

Wir wollen im folgenden also um der korrekten Unterscheidung der Setter-

Sieben Wochen alte Red and White Setterwelpen bei der Siesta

Hervorragend ist die Haltung dieses Irish Red Setterrüden

arten willen von den vier Setterrassen sprechen.

Irish Red Setter

Der mahagonifarbene Irish Setter ist zwar die bekannteste, aber, wie wir nun wissen, nicht die einzige irische Setterrasse. Damit wir ihn besser vom Rotweißen unterscheiden, sollten wir ihn fortan „Irish Red Setter" nennen. So kastanienbraun, wie wir ihn kennen, sieht er jedoch erst seit Anfang dieses Jahrhunderts aus. Früher war er von hellerem Rotbraun, das meistens, wenn auch nicht immer, mit Weiß abwechselte. Die rein roten Hunde

traten gelegentlich in den Würfen rotweißer Tiere auf, und manchen Züchtern gefielen diese eben besser. Das war etwa bei den Lords de Freyne der Fall, die auf ihrem irischen Landsitz rote Setter züchteten und dies auch dokumentierten. Auf diese Weise entstanden die frühesten überlieferten Ahnentafeln des Irish Red Setters. Doch schon auf Gemälden aus dem 17. Jahrhundert sind bisweilen einfarbig rote Hunde zu erkennen, die den Irish Red Settern sehr ähnlich sehen. Gegen Ende des 19. Jahrhunderts bevorzugte man zunehmend einfarbig rote Hunde, besonders nach deren

English Setterhündin in der interessanten Farbe Blue Belton

Erfolgen auf den Hundeausstellungen. Selbst vom 1882 gegründeten „Irish Red Setter Club" wurden offenbar nur noch die rein roten Irish Setter anerkannt, was ja auch aus dem Namen des Clubs hervorgeht.

In unserem Jahrhundert war und ist der Irish Setter mit seinem seidigen, mahagoniroten.Haarkleid ein beliebter Hausgenosse, und das nicht nur in seiner irischen Heimat und auf den übrigen Britischen Inseln, sondern auch auf dem europäischen Kontinent sowie in Nordamerika.

English Setter

Nach den beiden irischen Settern kommen wir zur dritten Rasse, dem English Setter. Auch bei ihm geht die Herkunft schon aus dem Namen hervor. Er ist der bunteste und schlankste aller Setter.

In England wurde der English Setter fast nur zum Vorstehen vor Rebhühnern und Wachteln verwendet. Das Apportieren des geschossenen Wildes überließ man zumeist den Retrievern und Spaniels.

Schon seit dem Mittelalter gab es

Hunde, die als direkte Vorfahren der English Setter angesehen werden können. Als Rasse wurden sie schon gegen Ende des 18. Jahrhunderts durch Reverend A. Harrison gut 35 Jahre lang rein gezüchtet – ein Ansatz, der im 19. Jahrhundert durch Edward Laverack und Purcell Llewellin konsequent fortgeführt wurde. Diese englischen Züchter waren es auch, die den eleganten, geschmeidigen Typ entwickelten, den wir heute am English Setter so sehr bewundern. Geradezu katzenhaft wirken die Bewegungen dieses Hundes, wenn er auf der Suche nach Federwild durchs Revier trabt. Auch wenn er sich beim Vorstehen konzentriert, fühlt man sich unwillkürlich an eine Katze vor dem Sprung erinnert.

Der Gordon Setter ist der seltenste unter den britischen Vorstehhunden

Gordon Setter

Der schwarze Gordon Setter mit seinen kastanienbraunen Abzeichen stellt sich als vierter und letzter Vertreter der Setter vor. Unter den vier Rassen bringt er die robustesten Hunde hervor. Mit seiner kräftigen Statur paßt er zu seiner rauhen schottischen Heimat. Zuweilen wird er seiner Herkunft entsprechend auch als „Scottish Setter" bezeichnet.

Seiner Abstammung nach kann der Gordon Setter weitgehend auf die gleichen Vorfahren wie die anderen Setter zurückgeführt werden. Neben schwarzweißen, dreifarbigen und roten Hunden traten schon früh auch schwarz-rote Tiere auf. Diese Färbung, der markantere Kopf, die tiefer herabgezogenen Lefzen und die

bedächtigere Art des Stöberns wurden schließlich zu seinen Rassemerkmalen. Diese sind zum Teil auf die Einkreuzung von Bloodhounds etwa zur Mitte des vorigen Jahrhunderts zurückzuführen.

Der Gordon Setter trägt seinen wohlklingenden Namen zu Ehren eines großen Hundefreunds und Züchters, des Duke Alexander von Richmond and Gordon. Die Rasse wurde von dem britischen Lord nach 1820 in planmäßiger Zucht aus schwarzen Settern, Bloodhounds und Collies entwickelt, doch sollen auch Pointer und Spaniels eingekreuzt worden sein. Seit 1927 gibt es auch einen British Gordon Setter Club. Der Gordon Setter ist also die schottische Variante der britischen langhaarigen Vorstehhunderassen und zugleich deren jüngste.

Sein markantes, glänzend schwarzes Haarkleid mit den leuchtend roten Abzeichen an Gesicht, Brust und Läufen macht den Gordon Setter zu einer stattlichen Erscheinung. Dafür sorgt ferner sein den anderen Settern gegenüber kompakterer Wuchs bei etwa derselben Größe und gleichem Gewicht.

Rasseportrait

Die Standards in Kürze

Irish Red and White Setter

Beginnen wir mit dem rot-weiß gefärbten Irish Setter. Dieser ursprünglichste Vertreter der Setterrassen ist wie seine Verwandten freundlich, treu und zuverlässig. Mit Intelligenz, Ausdauer und Kraft meistert er die ihm gestellten jagdlichen Aufgaben.
Im Haus ist der Irish Red and White Setter angenehm und sehr zurückhaltend.

◆ *Körper*

Der *Kopf* des Irish Red and White Setter ist breit mit gutem Stop und gewölbtem Schädel ohne hervortretendes Hinterhauptbein. Der Behang wird in Augenhöhe, weit zurückgesetzt und dicht anliegend getragen. Die Augen dieses Setters sind haselnuß- bis dunkelbraun.
Der Hund hat ein Scherengebiß, sein Hals ist muskulöser, die Gliedmaßen und der Rumpf stärker als beim Irish Red Setter. Sonst gelten die gleichen Rassestandards für Körper, Läufe und Pfoten.

◆ *Haarkleid*

Für das Haarkleid gelten ebenfalls die gleichen Vorgaben wie beim Irish Red Setter, doch ist das Haar beim Irish Red and White Setter etwas kürzer, die Befederung nicht so üppig. Erwünscht ist reines Weiß mit klar abgegrenzten roten Flecken. Tüpfelung ist nur in geringem Maße im Gesicht sowie unterhalb der Sprunggelenke und der Ellenbogen zulässig.

◆ **Größe und Gewicht**

Beim Irish Red and White Setter beträgt die Schulterhöhe 60 bis 68 cm, das Gewicht liegt zwischen 20 und 32 kg.

Der Irish Red Setter

Auch der Irish Red Setter (auf dem Bild rechts sehen Sie zwei besonders schöne kastanienbraune Rüden), der allgemein als „Irish Setter" bekannteste der Vier, kommt aus Irland. In seinem prachtvollen, mahagonifarbenen oder dunkel kastanienroten Haarkleid ist er wohl auch einer der schönsten Jagdhunde überhaupt.

Der Irish Red Setter ist allgemein freundlich, anhänglich, kinderlieb und sehr gelehrig.

◆ *Körper*

Der *Kopf* dieses Setters ist lang, ohne schmal und spitz zu wirken. Der ovale Schädel zeigt ein ausgeprägtes Hinterhauptbein, eine hohe Stirn und einen guten Stop. Die Behänge sind mittelgroß, tief angesetzt und eng anliegend. Auch er hat ein Scherengebiß. Die Lefzen sind nicht pendelnd, die Farbe des Nasenschwamms reicht von Mahagonibraun bis Schwarz. Die Augen sind dunkelbraun.

Der *Hals* darf nicht zu dick sein und keinerlei Wamme zeigen. Der wohl-proportionierte *Rumpf* zeigt gut gewölbte Rippen, gut bemuskelte und leicht gebogene Lenden und eine tiefe und schmale Brust. Die *Schultern* sind zurückliegend und tief herabreichend, *Vorderläufe* und *Hinterhand* parallel mit geraden Ellenbogen bzw. Knie- und Sprunggelenken. Die *Pfoten* sind klein und fest, die Zehen stark und geschlossen. Die am recht tiefen Ansatz starke *Rute* läuft in einer feinen Spitze aus. Sie wird in Rückenhöhe oder tiefer getragen und niemals geringelt.

◆ *Haarkleid*

Das Fell ist am Kopf, an den Behangspitzen und den Vorderseiten der Läufe kurz und fein, sonst von mittlerer Länge, möglichst ohne Locken und Wellen. Bauch, Brust und Hals weisen längeres Haar auf, ebenso die Befederung der Rute und die Rückseite der Läufe.

Als Farbe ist ein sattes Kastanienbraun erwünscht. Etwas Weiß an Brust, Hals, Stirn, Nase oder Zehen ist zwar unerwünscht, aber kein disqualifizierender Fehler.

◆ *Größe und Gewicht*

Die Schulterhöhe des Irish Red Setters beträgt 63 bis 68 cm, das Gewicht 26 bis 30 kg.

**Portrait einer English Setter-
hündin in der Haarkleidversion
„Tricolor"**

Der English Setter

Als Familienhund zeigt sich dieser Setter äußerst angenehm, anhänglich und besonders sanftmütig. Zudem ist er sehr bewegungsfreudig und jagdaktiv.

◆ Körper

Der *Kopf* des English Setters ist wie der des Irish Red Setters geformt, die Lefzen pendeln nur leicht, der Nasenschwamm erscheint je nach Haarfarbe schwarz oder leberbraun. Bei einem braunen Nasenschwamm können die normalerweise haselnuß- oder dunkelbraunen Augen auch eine hellere Farbe aufweisen.

Die Rassestandards für Hals, Rumpf, Läufe, Pfoten und Rute sind ähnlich wie beim Irish Red Setter, doch darf das lange, seidige *Haarkleid* beim English Setter leicht gewellt sein und die Befederung fast bis zu den Pfoten reichen.

◆ Haarkleid

Der English Setter zeigt ein weißes *Haarkleid* mit zitronengelben, orange-, leberfarbenen und/oder schwarzen Abzeichen. Diese erscheinen vorzugsweise als Tupfen, was als „belton" bezeichnet wird und nicht in Form von kleinen Platten. Die weiße Grundfarbe wirkt durch die gelbe bis orangefarbene, braune oder schwarze Zeichnung ausgesprochen bunt. Sogar dreifarbig – „tricolour" – darf der English Setter sein. Hunde mit gelben bis orangefarbenen Flecken heißen – entsprechend den englischen Bezeichnungen – „lemon/orange belton", solche mit braunen Flecken „liver belton" und solche mit schwarzen Flecken „blue belton".

◆ *Größe und Gewicht*
Mit einer *Schulterhöhe* von 65 bis 68 cm und einem *Gewicht* von 27 bis 30 kg bei Rüden bzw. 61 bis 65 cm sowie 25 bis 28 kg bei Hündinnen stimmt der English Setter in etwa mit seinen Verwandten überein.

Der Gordon Setter

Er ist zwar etwas langsamer bei der Suche und nicht ganz so elegant beim Vorstehen wie seine Vettern, aber dafür soll er der ausdauerndste unter den Settern sein. Auch auf die Nachsuche und das Apportieren aus dem Wasser versteht er sich noch besser als die drei anderen Rassen. Im Haus ist er sehr angenehm und anhänglich, Kindern ein ausgelassener Spielkamerad. Er kann darüber hinaus ein guter Wächter sein.

Der *Kopf* des Gordon Setters hat kein ausgeprägtes Hinterhauptbein, die nicht pendelnden Lefzen sind kräftig,

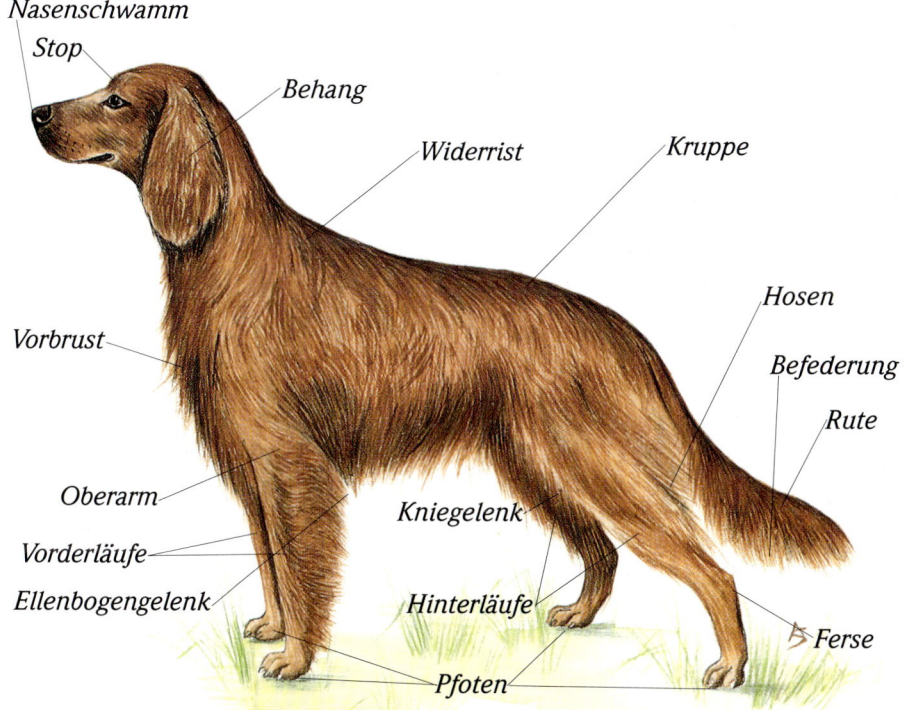

Nasenschwamm
Stop
Behang
Widerrist
Kruppe
Hosen
Vorbrust
Befederung
Rute
Oberarm
Kniegelenk
Vorderläufe
Ellenbogengelenk
Hinterläufe
Ferse
Pfoten

der Nasenschwamm ist schwarz; ansonsten ähnelt er sehr dem Irish Red Setter. So sind die Rassestandards für *Hals*, *Körper*, *Läufe*, *Pfoten* und *Rute* weithin vergleichbar.

◆ *Haarkleid*
Auch das Haarkleid des Gordon Setters ist von ähnlicher Struktur wie das des Irish Setters, jedoch mäßig kurz, nur die Befederung ist lang und glatt. Schwarz mit rotbraunem Brand ist die Färbung. Diese wird auch als schwarz/lohfarben bezeichnet.

◆ *Größe und Gewicht*
Die *Schulterhöhe* liegt beim Gordon Setter nach Rassestandard bei 62 bis 66 cm, das *Gewicht* beträgt 25,5 bis 29,5 kg.

Der Gordon Setter steht den anderen Settern an Schönheit in nichts nach

Sinnesleistungen

Setter haben eine überaus feine *Nase*. Ihre Riechschleimhaut ist mehr als dreißigmal so groß wie die des Menschen. Entsprechend gut ist ihr Riechvermögen. Wie könnten diese Hunde sonst die Witterung von kleinem Federwild erfassen, das etliche Meter entfernt in einem Versteck kauert? Auch ihr *Gehör* und ihr *Sehvermögen* sind herausragend. Das Gesichtsfeld ist groß. Vor allem Objekte in Bewegung erkennen sie gut, wogegen verharrende Objekte schlechter registriert werden.

 *Elf Wochen alter Irish Red Setterwelpe. Etwa in diesem Alter gibt der Züchter das Tier ab*

Charakter und Wesen

Die Setter sind von freundlichem, aufgeschlossenem Wesen, dazu treu, anhänglich und sehr lieb, manchmal aber auch etwas übersensibel. Erziehung und Ausbildung müssen daher zwar konsequent, aber *ohne Härte* durchgeführt werden. Sonst können Setter leicht aus der Fassung geraten. Wird jedoch mit viel Lob und Anerkennung gearbeitet, sind diese Hunde sehr eifrige Schüler. Sie lesen ihren Menschen geradezu von den Augen ab, was diese gerade von ihnen wollen.

Setter lernen in der Regel ebenso schnell wie gründlich und behalten das Erlernte nach wenigen Übungen im Gedächtnis.
Ebensowenig aber vergißt ein Setter, wenn er schlecht behandelt worden ist. Er trauert dann und zieht sich eher zurück, als daß er aggressiv reagiert. Fremden gegenüber wird er sich bei entsprechender Erziehung freundlich, aber zurückhaltend verhalten. Grundsätzlich gehört der Setter zu den kinderlieben und damit familienfreundlichen Rassen. Achten Sie dennoch darauf, daß er keine für ihn

unangenehmen Erfahrungen mit Kindern macht, und lassen Sie kleine und fremde Kinder niemals mit dem Hund allein. So wird er sich auch fremden Kindern gegenüber stets freundlich zeigen.

Bei Gefahr für seine Menschen wird sich der Setter als *Wachhund* erweisen, doch niemals ist er wirklich scharf. Das ist auch nicht nötig, denn er imponiert allein schon durch seine Größe. In Haus oder Wohnung schlägt er meist nur kurz an, wenn sich Fremde an der Gartenpforte oder der Haustür bemerkbar machen, was „kläffergeschädigte" Nachbarn sehr zu schätzen wissen.

Wenn er nicht für die Jagd verwendet wird, braucht der Setter außer einer sorgfältigen Erziehung keine weitere Ausbildung. An einer von Fachkräften durchgeführten Abrichtung zum *ver-*

kehrssicheren Begleithund sollte er allerdings auf jeden Fall teilnehmen. Diese wird durch eine Prüfung abgeschlossen (siehe Seite 54).

Unzugänglich und manchmal regelrecht ängstlich kann ein Setter eigentlich nur dann werden, wenn er im Welpenalter keinen oder zu wenig Kontakt zu Menschen hat. Solche scheuen Hunde sind zumeist in Zwingern aufgewachsen, wo sie freundliche Menschen in der Prägephase weder kennen- noch liebenlernen konnten.

Auch bei harter Erziehung und ausschließlichem Kontakt mit fremden Menschen kann ein Setter scheu und unsicher werden. Hat er aber regelmäßig Umgang mit freundlichen Menschen, wird er stets aufgeschlossen und Kindern gegenüber verspielt bzw. als erwachsener Hund geduldig sein.

Überlegungen vor dem Kauf

Die Voraussetzungen

Sie möchten sich also einen Hund anschaffen, am liebsten einen Setter. Haben Sie sich das auch gut überlegt?

Wichtig: Der Kauf eines Setters darf nicht spontan erfolgen, nur weil Sie die Rasse durch ihre Schönheit und Eleganz beeindruckt hat. Überlegen Sie sich genau, ob Sie dem Tier über den anfänglichen Enthusiasmus hinaus Ihre uneingeschränkte Liebe bewahren und ob Sie sich auch auf lange Sicht den erforderlichen finanziellen und zeitlichen Aufwand werden leisten können.

Auch Ihre *Familien- und Wohnverhältnisse* spielen eine Rolle. Alleinstehende „Workaholics" mit Zwölfstundentag und Einzimmerappartement sind als Hundehalter weniger gut geeignet als Familien mit Kindern, idealerweise mit Haus und Garten. Ein Setter verlangt Ihnen viel Zeit ab. Er darf bei Ihren persönlichen Wünschen nicht an letzter Stelle stehen, sondern muß einen vorderen Rang einnehmen.

▬ Anders als ein altes Möbel können Sie den Hund nicht einfach verkaufen, wenn er nicht mehr gefällt. Nur wenn Sie bereit sind, während der nächsten zwölf bis 15 Jahre mit Ihrem Setter

Freud und Leid zu teilen, können Sie einen Hund – nicht nur dieser Rassen – zu sich nehmen. Er ist ein neues Familienmitglied und hat als solches auch seine Rechte.

■ Wenn Sie nicht allein, sondern mit Partner und vielleicht auch mit Kindern leben, sollten alle Familienmitglieder mit der Anschaffung eines Setters einverstanden sein. Schließlich werden ja alle Teil des „Rudels" sein.

■ Lassen Sie durch einen Hautarzt klären, ob bei Ihnen oder einem Familienmitglied eine Allergie gegen Hundehaare bestehen könnte. Es wäre auch für den Hund schade, wenn er nach kurzer Zeit wieder abgeschafft werden müßte. Schließlich ist es immer eine Tragödie für das Tier, wenn es „in gute Hände" abgegeben oder gar eingeschläfert werden muß.

Welche Fragen vor dem Kauf unbedingt geklärt werden müssen, faßt die untenstehende Übersicht zusammen. Hegen Sie auch nur in einem Punkt geringe Zweifel, dann sollten Sie vom Kauf des Hundes absehen.

Auch an die Kosten denken

Der *Kaufpreis* für den Hund wird für Sie nur ein Punkt bei der Kostenaufstellung sein. Seine Ernährung schlägt zwar nicht übermäßig zu Buche, aber monatlich kommt dafür dennoch eine gewisse Summe zusammen, die nicht

Fragen vor dem Kauf

Möchte jeder in der Familie den Hund?

Erlaubt die Wohnsituation die Hundehaltung? (Ggf. Vermieter fragen)

Eignet sich die Umgebung für Spaziergänge mit dem Hund?

Verfügen Sie über genügend Freizeit, um dem Hund ausreichend Zuwendung bieten zu können?

Können Sie die fixen Kosten von monatlich ca. 250–350 Mark problemlos aufbringen?

Soll es ein Rüde oder eine Hündin sein?

Kosten der Setterhaltung			
	einmalig	jährlich	monatlich
Anschaffung	ca. 1500,– DM		
Grundausstattung	ca. 400,– DM	ca. 200,– DM	
Steuer		50–250,– DM	
Haftpflichtversicherung		80–250,– DM	
Tierarzt (Impfungen, Vorsorge Zahnstein, Ohren, Wurmkur)		ca. 400,– DM	
Ernährung			250,– DM

jeder zusätzlich zur Lebenshaltung aufbringen kann. Bedenken Sie auch die Versicherung, die Hundesteuer und gelegentliche Tierarztkosten. Hierfür gibt es inzwischen Krankenversicherungen, die einspringen, falls Ihr Setter einmal ernsthaft krank werden sollte. Aber natürlich sind auch für diese monatliche Beiträge zu zahlen. Der Kostentabelle oben können Sie entnehmen, mit welchen Haltungskosten Sie rechnen müssen. Ab dem 3. oder 4. Lebensmonat ist für den Vierbeiner eine *Hundesteuer* fällig, die von der Gemeinde erhoben wird. Über die Höhe sollte man sich informieren. In Großstädten ist die

Belastung oft um ein vielfaches höher als auf dem Land. Ermäßigung oder Befreiung gibt es unter Umständen für Behinderte.

Vom Tag des Einzugs Ihres Setters in den Haushalt an sollten Sie unbedingt eine *Haftpflichtversicherung* abschließen. Diese ist sofort notwendig, weil es gerade mit einem noch unerzogenen Welpen leicht zu einem Verkehrsunfall kommen kann. Wenn dabei erhebliche Sach- und sogar Personenschäden entstehen, kann das ohne ausreichende Versicherung Ihren finanziellen Ruin bedeuten.

Aber auch wenn der Welpe beim freudigen Anspringen dem Modellkleid

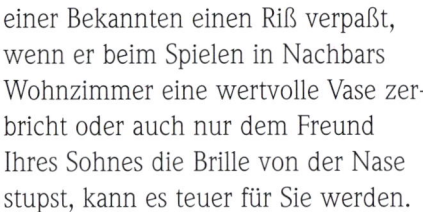

Ein weiches, in der Länge verstellbares Lederhalsband ist für den Welpen ideal

Der Futternapf sollte aus Edelstahl sein und einen nichtrutschenden Gummirand aufweisen

einer Bekannten einen Riß verpaßt, wenn er beim Spielen in Nachbars Wohnzimmer eine wertvolle Vase zerbricht oder auch nur dem Freund Ihres Sohnes die Brille von der Nase stupst, kann es teuer für Sie werden.

Wichtig: Ein Warnschild an der Gartenpforte entbindet Sie grundsätzlich nicht von der Haftung. Bei einem Unfall wird der Person, die das Grundstück betritt, allenfalls eine geringe Mitschuld angerechnet. Erst wenn „Bissiger Hund! Betreten des Grundstücks verboten!" auf dem Schild steht, nimmt der Zuwiderhandelnde das volle Risiko auf sich. Bei Settern ist eine solche Vorsichtsmaßnahme aber in der Regel unverhältnismäßig.

Die Wahl des Züchters

Nachdem Sie sich guten Gewissens für einen Setter entschieden haben, werden Sie nach einer Bezugsquelle für Ihr vierbeiniges Familienmitglied Ausschau halten. Vielleicht kann Ihnen ein Setterhalter aus Ihrem Bekanntenkreis oder der Nachbarschaft die Adresse eines seriösen Züchters nennen. Sonst finden Sie in den Wochenendausgaben der Tageszeitungen gelegentlich Anzeigen von Züchterinnen oder Züchtern, die Setterwelpen abzugeben haben.
Der bessere Weg führt über den Besuch von Hundeausstellungen zu persönlichen Kontakten mit Züchtern. Über die Lektüre von Fachzeitschriften finden Sie die Kontaktadressen der

Kaufen Sie für den Setter nur spezielles Spielzeug aus dem Fachgeschäft

Kamm und Bürste für die Fellpflege. Ideal ist die abgebildete Bürste mit harten und weichen Borsten

jeweiligen Vereine. Deren Vorstände oder Zuchtwarte wissen stets, wo eine Zuchthündin gedeckt wurde, wann welcher Züchter einen Wurf erwartet und ob gerade irgendwo Welpen abzugeben sind. Hier werden Sie in jedem Fall gut beraten, hier finden Sie den Hund, der zu Ihnen paßt.

Checkliste — *Grundausstattung für den Hund*

◆ *Hundematte, nach der Zerkauphase Körbchen mit Kissen*

◆ *Futter- und Trinkwassernapf, beide schwer und kippsicher*

◆ *Halsband und Leine*

◆ *Bürste und Kamm für die Fellpflege*

◆ *Kauknochen für die Zahnpflege*

◆ *Spielzeug*

◆ *für das Auto Schutzgitter oder Netz, das den Hund daran hindert, während der Fahrt nach vorn zu kommen*

So muß es sein: Freudig begrüßen die Welpen die Züchterin

Was zeichnet einen seriösen Züchter aus?

Wo Hunde zum „Rudel" gehören, wo sie innerhalb der Familie leben, liebevoll und unter Beachtung der Sauberkeitsregeln gehalten werden, haben auch die Welpen keine Probleme im Zusammenleben mit Menschen. Im Gegenteil: Die Liebe zu ihren Menschen, zu ihrer Familie bestimmt fortan ihr Dasein.

Das „Setterrudel" sollte auf Sie als Besucher freundlich und unbefangen wirken. Ein solches Verhalten spricht für eine liebevolle Haltung und Pflege der Tiere durch den Züchter.

Wichtig: Kaufen Sie Ihren Setterwelpen nur bei einem Züchter, bei dem die Hunde in echtem Familienverband sowie in sauberer und freundlicher Umgebung leben.

Es gibt unter den nichtkommerziellen Züchtern natürlich auch verschlossene, kontaktarme Menschen, deren Lebensart sich auf die Hunde überträgt. Hier haben die Welpen vor dem Verkauf kaum Kontakt zu fremden Menschen. Die Gewöhnung an Sie als Bezugsperson kann folglich länger dauern und sich auch etwas schwieriger gestalten.

Nicht jeder bekommt einen Hund

Einem guten Züchter wird das Wohl der Welpen jedes Wurfes am Herzen liegen. Er gibt die Kleinen stets mit einem lachenden und einem weinenden Auge ab und wird auch nicht jeden Interessenten als Käufer akzeptieren. Im Gespräch mit Ihnen wird er herausfinden, ob das Hündchen ein gutes Zuhause bekommt. Rechnen Sie auch mit einem Kontrollbesuch. Erfahrene Züchter können Ihnen auch oft einen Hund empfehlen, der vom Wesen her zu Ihnen paßt.

Etwas Bürokratie gehört dazu

Wenn Sie Ihren künftigen Gefährten dann endlich abholen, erhalten Sie vom Züchter neben dem *Kaufvertrag* auch den *Impfpaß* mit den ersten eingetragenen Schutzimpfungen. Länger dauert es mit den anderen Papieren des Welpen. Der Zuchtwart nimmt den Wurf mit sieben bis acht Wochen ab. Erst dann kann der *Stammbaum* vom Verband ausgefertigt werden, was noch weitere vier bis acht Wochen in Anspruch nimmt. Diese Papiere, von der FCI oder dem VDH ausgestellt, sind der „Ausweis" eines Hundes und besonders wichtig, falls Sie später mit ihm Schauen besuchen und/oder züchten möchten.

Wo man keinen Welpen kaufen sollte

■ Kaufen Sie nicht bei Züchtern, die mehrere Hündinnen in *Zwingern* halten. Hier fehlt den Hunden fast völlig der Kontakt zu Menschen, und die Welpen haben es nicht gelernt, Menschen als Teil ihres Rudels zu akzeptieren. Solche Welpen sind oft schwer in eine Familie zu integrieren.

■ Kaufen Sie nicht bei *Gewerbebetrieben*, die alle möglichen Moderassen anbieten. Dort werden die Hunde lediglich als Ware betrachtet, die man schnell „produziert", solange sie Profit abwirft. Auf eventuelle körperliche oder Wesensfehler der Elterntiere nimmt man dabei keine Rücksicht, auf die nötigen sozialen Kontakte in der Prägephase noch weniger.

■ Kaufen Sie nicht aus dem *Schaufenster*. Diese bedauernswerten Tiere sind fast nie geimpft oder entwurmt. Kaufen Sie auch nicht aus Mitleid.

■ Kaufen Sie nicht im *Versandhandel* – auch nicht „mit Umtauschrecht".

■ Fast immer wird Ihnen von *kommerziellen Tierhändlern* ein Hund mit Stammbaum zugesagt. Oft aber handelt es sich dabei um gefälschte oder von obskuren Organisationen ausgestellte Dokumente, die ihr Papier nicht wert sind.

Welcher Hund paßt zu mir?

Gut gewählt ist halb gewonnen

Schon bevor die Welpen von der Mutter getrennt werden, zeigen sie ihre unterschiedlichen Charaktere. Deshalb ist es recht aufschlußreich, das Verhalten des Wurfs und den Umgang der Geschwister miteinander zu beobachten. So kann geprüft werden, wie die einzelnen Welpen auf verschiedene ungewohnte Ereignisse sowie auf andere Tiere reagieren. Auch die Art, in der die einzelnen Welpen auf Sie zukommen, wird Ihre Wahl beeinflussen. Verbringen Sie also möglichst viel Zeit beim Wurf, bei der Hündin und auch bei der Züchterfamilie. Gespräche mit letzterer werden Ihnen helfen, die richtige Wahl zu treffen. Die Zeit, die Sie sich vor dem Kauf für die Welpen nehmen, ist die beste Vorberei-

Unser Tip

Schließen Sie mit den Welpen des Wurfs Ihrer Wahl Freundschaft. Planen Sie dazu vor dem Kauf- oder Abholtermin mehrere Besuche ein.

tung auf die Haltung eines dieser einzigartigen Hunde – besonders wenn es Ihr erster Setter oder gar Ihr erster Hund sein wird.

▬ *Rüde oder Hündin?*

Es ist nicht leicht, eine eindeutige Empfehlung auf die Frage zu geben, ob Sie sich nun für einen Rüden oder eine Hündin entschließen sollen. Oft besteht beim Käufer eine individuelle Neigung zu einem der Geschlechter. Die immer wiederkehrende Behauptung, daß Hündinnen Männern und Rüden Frauen gegenüber anhänglicher sein sollen, ist unbewiesen. Beide Geschlechter lieben gleichermaßen Lob, Streichel- und Schmuseeinheiten.

Hündinnen sind etwas kleiner und leichter als Rüden, somit von Frauen und von Kindern leichter zu führen. Die Hündin versucht zwar auch, innerhalb des Familienrudels einen höheren Rang einzunehmen, wird

sich aber bei konsequenter, liebevoller Behandlung mit ihrem Platz leichter zufriedengeben als ein Rüde. Dieser vertritt seinen Anspruch hartnäckiger und braucht in dieser Hinsicht eine festere Hand.

Die Hündin zeigt sich während der Spaziergänge in der Regel gelassener als der Rüde. Letzterer pflegt sein gesamtes „Revier" durch häufiges Beinheben zu markieren. Hündinnen markieren zwar ebenfalls ihr Revier, tun dies aber seltener und im Zuge des normalen Wasserlassens. Begegnungen des Rüden mit anderen Hunden fallen unterschiedlich aus: Eine Hündin wird freudig und interessiert begrüßt. Bei einem fremden Rüden wird zuerst gedroht. Nehmen

beide Tiere Drohhaltung ein, kann es zum Kampf kommen. Dieser sieht aber meistens gefährlicher aus, als er tatsächlich ist. Wer schließlich den kürzeren zieht, nimmt die Demutshaltung ein, worauf ihm der Sieger gnädig freien Abzug gewährt.

Wenn sich zwei einander unbekannte oder unsympathische Hündinnen begegnen, sind heftige Raufereien ohne großes Vorgeplänkel nicht selten. Bisse und Verletzungen sind hier häufiger als bei Auseinandersetzungen unter Rüden. Hat eine Hündin aber die Dominanz der anderen akzeptiert, können beide gute Freundinnen werden. Zwei Hündinnen lassen sich dann auch gut gemeinsam halten, was bei Rüden wiederum schwieriger ist.

Eine Hündin wird zweimal im Jahr läufig. Wenn sie zuerst Harntropfen, dann ein blutiges und an den „heißen" Tagen ein klares Sekret absondert, übt sie damit eine große Anziehungskraft auf alle Rüden der Umgebung aus. In dieser Zeit muß sie konsequent an der Leine gehalten werden. Am besten läßt man die läufige Hündin an den kritischen Tagen gar nicht erst aus dem Garten. Gassigehen sollte man mit ihr jetzt weit weg vom eigenen Zuhause.

Ein Rüde läßt sich beim Duft einer läufigen Hündin kaum halten und findet Mittel und Wege, sein Ziel zu erreichen. Das ist für ihn natürlich auch mit Gefahren verbunden, vor allem durch den Straßenverkehr. So ist man erst erleichtert, wenn sich der Hund wieder zu Hause einfindet. Am besten ist es, ihn sicher im Haus und Garten zu halten, solange in der Nachbarschaft eine Hündin läufig ist.

■ Welpe oder erwachsener Hund?

Der liebevoll aufgezogene Welpe hat bereits früh positive Kontakte zu Menschen genossen. Nehmen Sie mit ihm schon vor dem Abholtermin oft und zärtlich Kontakt auf, dann wird er freudig mit Ihnen gehen, wenn Sie ihn mit acht bis zwölf Wochen vom Züchter abholen. Er kennt Sie nun schon und wird sich wie eine Klette an Sie hängen.

Nun liegt es an Ihnen, ob aus dem drolligen kleinen Welpen ein wohlerzogener Hund wird. Die Erziehung bringt Ihnen nicht nur Freuden, sondern auch *Pflichten* und verlangt Ihnen außerdem viel Zeit ab.

Im frühen Welpenalter haben Sie alle Möglichkeiten, dem bzw. der Kleinen richtigen Benimm beizubringen. Sie sollten dies aber nicht nur nach Feierabend und an den Wochenenden tun. Wenigstens ein Familienmitglied sollte anfangs fast ständig bei ihm sein.

Wem es zu mühsam ist, dem Welpen Stubenreinheit und die Grundlagen sozialen Verhaltens beizubringen, der

wird sich eher einen etwas älteren Hund kaufen wollen. Dann jedoch muß er damit rechnen, daß dieser erheblich länger braucht, um sich an ihn und die neue Umgebung zu gewöhnen. Auch ein solcher Hund braucht viel Liebe, besonders wenn er schon schlechte Erfahrungen gemacht haben sollte. Außerdem wird er vielfach mit Angewohnheiten aufwarten, die Ihnen unangenehm sind. Auch

hier ist dann Erziehung oder Umerziehung nötig, die Erfahrung und oft noch mehr Zeit verlangt, als für einen Welpen hätte aufgebracht werden müssen.

Wichtig: Der Setter braucht in jedem Alter viel Zeit und Zuneigung. Für Ihren Einsatz wird Ihr Hund Ihnen viel Liebe, Anhänglichkeit und Freude schenken.

Einzug ins neue Heim

Die erste Nacht allein

Von seinen Geschwistern, der Mutter und der Züchterfamilie getrennt, verbringt der Setterwelpe seine ersten und wohl auch schwersten Nächte im neuen Heim. Es dauert schon ein paar Tage, bis er sich in der neuen Umgebung, seinem neuen Zuhause, bei seinen neuen Menschen eingelebt hat. Leichter übersteht der Welpe die Trennung von seiner Hundefamilie, wenn Sie ihm eine Decke in sein Körbchen legen, die nach seiner Mutter und den Geschwistern riecht. Der vertraute Duft beruhigt ihn mehr als jede Streicheleinheit.

Stellen Sie das Körbchen nicht unbedingt in Ihr Schlafzimmer, und holen Sie den Welpen bei seinem Verlassenheitsjaulen auf keinen Fall in Ihr Bett. Natürlich würde ihm das gefallen – aber er wird das ihm einmal eingeräumte Privileg nicht mehr aufgeben wollen …

Wichtig: Der Schlafplatz des Welpen sollte zwar in Ihrer Nähe, aber an einer ruhigen, zugfreien Stelle der Wohnung sein. Der kleine Hund benötigt ebenso wie ein Kleinkind viel ungestörten Schlaf.

Spielregeln im neuen Zuhause

In den ersten Wochen der Erziehung zur Stubenreinheit und zum Grundbenimm brauchen Sie viel Zeit für Ihren vierbeinigen Schützling. Am besten ist es, wenn Sie sich die Betreuung des kleinen Welpen zu zweit oder zu mehreren teilen. Zwar braucht der junge Hund in der ersten Zeit viel Ruhe, aber in seinen Wachphasen müssen auch Sie munter sein!

Wichtig: Zwischen der 8. und der 16. Lebenswoche fällt bei dem Setterwelpen die Entscheidung über Erfolg oder Mißerfolg seiner Erziehung. Stets sanft, aber ebenso konsequent müssen Sie in dieser Phase die Weichen für Ihr künftiges Zusammenleben stellen!

Auch wenn die Begeisterung für das neue Familienmitglied bei Ihnen, Ihrem Partner und Ihren Kindern noch so groß ist – sorgen Sie vom ersten Tag an für feste Spielregeln, einheitliche Befehle für Aufgaben und klare Verhaltensweisen bei allen zum „Rudel" gehörenden Menschen gegenüber dem Welpen. Informationen, Anweisungen und Tips dazu erhalten Sie im Kapitel „Die Erziehung des Setters" (Seite 42 ff).

Der Hund und sein Mensch

Zusammenleben mit Kindern

Setter eignen sich gut für das Zusammenleben mit Kindern. Die schönen Hunde sind verspielt und sehr behutsam im Umgang mit kleinen Menschen. Natürlich lieben sie auch reichlich bemessene Streicheleinheiten. Ideal ist es, wenn der Hund als Welpe in ein Haus mit Kindern kommt und beide gemeinsam aufwachsen. So lernen sie einander gut verstehen.

Unser Tip

Kinder sollten so früh wie möglich die richtigen Kommandos für den Hund gebrauchen, die dieser zu befolgen gelernt hat. Das gibt beiden mehr Sicherheit und kann vor Schaden bewahren.

Wichtig: Der Wunsch Ihres Kindes nach einem Hund muß zugleich auch Ihr Wunsch sein. Oft stehen Sie nämlich mit den Pflichten gegenüber dem Vierbeiner allein da, und sei es auch nur für die Zeit des Schulbesuchs. Sie sollten aber darauf achten, daß Ihr Kind lernt, Verantwortung für den Hund zu tragen.

Ein Setter bereichert das Leben auch älterer Menschen, ...

... besonders wenn sie einen Welpen aufziehen

Kinder und Jugendliche profitieren von dem Zusammenleben mit Hunden. Sie fühlen sich beschützt und haben in dem Tier einen nimmermüden Spielkameraden. Oft ist es auch ihr Vertrauter, mit dem sie ihren Kummer teilen. Besonders *Einzelkinder* genießen die liebevolle und verspielte Art des Hundes und haben in ihm einen stets treuen Verbündeten.

Setter und ältere Menschen

Auch Senioren ist der Setter ein liebevoller und anhänglicher Freund und Begleiter. Allerdings sollten Sie in fortgeschrittenem Alter neben den in der Checkliste „Fragen vor dem Kauf" auch die folgenden Fragen positiv beantworten können:

■ Im Alter ist Zeitmangel meist kein Thema. Sind Sie aber auch gesundheitlich in der Lage, Ihrem Hund täglich die Bewegung zu verschaffen, die er braucht (ca. $2^{1}/_{2}$ Stunden)?

■ Was geschieht mit dem Hund, wenn Sie krank werden oder gar ins Krankenhaus müssen? Gibt es dann jemanden, der den Hund – ggf. auch für längere Zeit – zu sich nimmt und versorgt?

▬ Gibt es Menschen in Ihrer Nähe, die Ihnen behilflich sein werden, falls Sie einmal nicht mit Ihrem Hund spazierengehen können?

Sollten Sie all diese Fragen mit einem klaren Ja beantworten können, dann steht der Anschaffung eines vierbeinigen Begleiters eigentlich nichts mehr im Wege. Besonders für das Leben alleinstehender älterer Menschen sind Setter eine wunderbare Bereicherung. Darüber hinaus haben Haustiere erwiesenermaßen einen überaus gesundheits- und kommunikationsfördernden Einfluß.

Am besten erkundigen Sie sich bei einem Verein oder bei einem Züchter nach etwas *älteren Jungtieren* oder einem *jungen erwachsenen Hund*. Es kommt ja immer wieder vor, daß Hunde zu ihren Züchtern zurückgebracht werden, weil z. B. die Besitzer umziehen mußten und den Hund nicht mitnehmen konnten oder weil sich bei einem Familienmitglied eine Allergie gegen Hundehaare herausgestellt hat etc. Auf diese Weise könnten Sie zu einem bereits stubenreinen, erzogenen Hund kommen, falls Sie vor der Aufgabe zurückschrecken, einen Welpen großzuziehen,

Der Setter und andere Haustiere

Auch wenn die Setter von Natur aus Jagdhunde sind, sollte man ihnen schon als Welpen den freundlichen Kontakt zu anderen Tieren ermöglichen. Dies gilt um so mehr, wenn sie nicht für die Jagd, sondern lediglich als Familien- und Begleithunde gehalten werden.

Unser Tip

Bekommt der Hund eine Decke mit dem Duft der Katze oder ein wenig Einstreu des Zwergkaninchens zu schnuppern, verhält er sich später beim direkten Kontakt mit dem jeweiligen Tier in der Regel viel gelassener.

Die Welpen sollen gute Erfahrungen aus Begegnungen mit Tieren aller Art sammeln. Da sie neugierig sind, gehen sie vertrauensvoll auf jedes andere Geschöpf zu. Ist dieses friedlich, sind gute Voraussetzungen für gegenseitige Toleranz, ja manchmal sogar für eine Freundschaft gegeben.

Auf jeden Fall sollte man die Tiere behutsam und langsam aneinander

Wie „Hund und Katz"? Nein!

Wir haben uns so gern, ...

gewöhnen. Sollen die Tiere zusammen im Haus wohnen, ist es von Vorteil, wenn beide jung sind und gleichermaßen mit Lob, Leckerbissen und Streicheleinheiten bedacht werden, damit keine Eifersüchteleien aufkommen. Auf diese Weise lassen sich sogar Hund und Katz – trotz des sprichwörtlich feindseligen Verhältnisses – zu friedlichen Hausgenossen erziehen. Dabei ist es leichter, eine junge Katze in einen Haushalt mit Hund zu integrieren als umgekehrt. Denn die erwachsene Katze wird sich gegenüber einem Welpen rücksichtslos Respekt verschaffen. Ein gutes Beispiel für eine harmonische Hausgemeinschaft sind die zehn Jahre alte Setterhündin Alma und der 15 Jahre alte Kater Max auf den Fotos oben.

Begegnungen mit anderen Hunden

Soziale Kontakte von Hund zu Hund sind sehr wichtig und sollten besonders für den Welpen möglichst täglich gesucht werden. Sie bereiten ihm viel Freude und sind gleichzeitig wichtige Lektionen für das richtige Verhalten gegenüber Artgenossen.

Wichtig: Nehmen Sie einen Welpen niemals auf den Arm, wenn ein anderer Hund auf ihn zugelaufen kommt. Erwachsene Hunde sind Welpen gegenüber duldsam.

Selbst ein großer und wenig freundlicher Hund wird einem Welpen nichts Böses zufügen. Vielmehr genießt der

 *... daß wir manchmal sogar*

 *... aus einem Napf fressen*

junge Hund das uneingeschränkte Wohlwollen seiner erwachsenen Artgenossen. Als seltene Ausnahmen allerdings gibt es leider Hunde, die aus Mangel an Kontakten während der Sozialisierungsphase die richtigen Verhaltensweisen im Umgang mit ihresgleichen nicht gelernt haben. Von diesen kann Ihrem Welpen allerdings Gefahr drohen.

Rüde und Hündin kommen auch als erwachsene Tiere in der Regel gut miteinander aus. Bei zwei etwa gleich starken, einander fremden Rüden muß erst klargestellt werden, wer der Stärkere ist. Nur wenn einer von ihnen mit eingeklemmter Rute signalisiert, daß er klein beigibt, läßt sich ein Kampf vermeiden. Damit ist die Angelegenheit aber auch meist aus der

Welt, besonders wenn der Unterlegene bei späteren Begegnungen die Dominanz des anderen anerkennt. Auch bei Hündinnen muß es nicht zum Kampf kommen, zeigt eine der beiden rechtzeitig ihre Unterwerfung an. Die Stärkere reitet dann häufig bei der anderen auf – typisches Dominanzgebaren. Damit beginnt oft eine Freundschaft.

Unser Tip

Gehen Sie bei kämpfenden Hunden niemals dazwischen, um sie zu trennen. Das könnte Ihnen schlimme Verletzungen einbringen, denn die Tiere sind dann blind vor Wut.

Die Erziehung des Setters

Stubenreinheit

Wie jedes Menschen-, so muß auch das Hundekind erst einmal lernen, seine dringenden Bedürfnisse zu beherrschen und rechtzeitig vorher anzukündigen. Es liegt an Ihnen, ob dies in möglichst kurzer Zeit zu erreichen ist. Ihre ständige Anwesenheit während der ersten zwei Wochen und Ihre Aufmerksamkeit führen zum Erfolg.

Wichtig: Sobald der Welpe sein Geschäft verrichtet hat, loben Sie ihn ausgiebig. Auf keinen Fall dürfen Sie ihn strafen, wenn ihm in der Wohnung ein Malheur passiert ist. Dann haben Sie eben nicht aufgepaßt.

Im Freien suchen Sie mit dem Welpen einen geschützten Platz auf. Ideal ist eine schnell erreichbare Ecke im Garten. Suchen Sie aber verschiedene Stellen auf, damit er nicht zu dem Eindruck kommt, er dürfe sich nur dort und nirgendwo sonst lösen. Das könnte dazu führen, daß er beim Spaziergang auf anderen Routen seine Bedürfnisse anhält und später in seiner Not in die Wohnung macht.

Macht er gerade sein Geschäft im Raum, dann nehmen Sie ihn mit einem „Pfui" auf, bringen ihn hinaus und loben ihn ausgiebig, wenn er es dort zu Ende verrichtet.
Alle Strafen, die der Welpe nicht unmittelbar mit seinem Tun verbinden kann, sind nicht nur nutzlos, sondern schädlich. Als *Tierquälerei* muß das Einstupsen der Nase des Welpen in seinen Kot oder Urin verurteilt werden. Ein solches Handeln oder auch Klapse tragen nur dazu bei, den Welpen zu verunsichern.

Unser Tip

Nehmen Sie den Welpen nach dem Aufwachen und nach den Mahlzeiten sowie immer dann, wenn er unruhig nach einem geeigneten Plätzchen Ausschau hält, auf, gehen Sie mit ihm ins Freie, damit er sich lösen kann.

Leinenführigkeit

Das Halsband und etwas später die Leine werden dem Welpen zuerst auch ohne zwingenden Grund angelegt. Letztere darf er einfach hinter sich herschleifen und wird sie so bald als etwas Gewohntes ansehen. Wenn Sie die Leine in der Hand halten, darf in der ersten Zeit der Welpe Sie führen. Dabei können Sie ihn aber schon auf die für die Leinenführigkeit

So ist es richtig: Die rechte Hand hält die Leine, mit der linken führt man den Hund

prescht er vor, dann rufen Sie zu dem unvermeidlichen Leinenruck „bei Fuß" und ziehen ihn neben sich. Wenn Sie ihn dabei jedesmal loben, wird er mit Freuden lernen. Bei konsequentem Üben wird er bald auch den Richtungswechsel beherrschen. Bedenken Sie aber das Alter Ihres Schützlings und überfordern Sie ihn nicht mit zu langen und zu häufigen Lektionen.

Wichtig sind Lob und Anerkennung, wenn der kleine Held etwas richtig gemacht hat. Jede Lektion sollte nach zumindest einer erfolgreich absolvierten Übung mit viel Lob beendet werden.

wichtigen Kommandos einstimmen: Läuft er los, gehen Sie an lockerer Leine mit und geben ihm den Befehl „Geh!". Bleibt er stehen, tun Sie es ebenfalls und sagen „Steh!" oder „Stop!". Setzt er sich, bekommt er jedesmal ein lautes „Sitz!" zu hören, beim Hinlegen ein „Platz!". Auf diese Weise verbindet der kleine Hund die Befehle schnell mit dem dazugehörigen Tun.

Bei richtiger Anleitung erkennt der Welpe ganz von selbst die Leine als Ihre verlängerte Hand an. Es liegt an Ihrer Erziehung, wie gut er das begreifen und sich danach richten wird. Bleibt der Welpe plötzlich stehen oder

Wichtig: Bringen Sie dem Hund bei, daß er links von Ihnen zu gehen hat. Das wird sowohl für die Übungen auf Hundeplätzen als auch bei Vorführungen im Schauring verlangt.

Auf belebten Fußwegen ist es mitunter besser, wenn Sie Ihren Hund _rechts_ neben sich führen. Dem links gehenden Hund würden entgegenkommende Menschen und Hunde häufig in die Quere kommen und Streß verursachen. Rechts fühlt er sich dann wohler. Auch beim Mitlaufen neben dem _Fahrrad_ hat sich der Hund laut Vorschrift _rechts_ zu halten.

Die wichtigsten Kommandos

Der Hund hört viel besser, als er sieht. Darum wird er auch Ihren Ruf gut hören. *Handzeichen* sind mehr zur Verständigung zwischen Halter und Hund auf kurze Distanzen geeignet. Auf große Entfernungen erkennt er einen Wink besser als eine erhobene Hand.

Wichtig: Kommandos sollen kurz, verständlich und leicht zu unterscheiden sein. Unterstreichen Sie die Befehle mit eindeutigen Handzeichen.

Unter Hundehaltern sind bestimmte Kommandos eingeführt, doch wenn Sie möchten, benutzen Sie ruhig Ihre eigenen. Der Hund sollte sie gut kennen und unterscheiden lernen. Dazu ist wichtig, daß Sie und alle Familienmitglieder immer die gleichen Befehle verwenden. Sprechen Sie deshalb alle Kommandos und Handzeichen mit Ihrem Partner und den Kindern ab und üben Sie diese gemeinsam ein. Das ergibt einheitliche Anweisungen.

„Bei Fuß!"

Mit einem gut leinenführigen Setter darf das Freilaufen geübt werden. Das wird ab etwa fünf Monaten der Fall sein. Trainiert wird zuerst am besten entlang eines Zaunes oder einer Mauer. Führen Sie den Hund zwischen sich und der Begrenzung. Die Leine nehmen Sie möglichst unbemerkt ab. Hört er gleichzeitig den ihm schon bekannten Befehl „Bei Fuß", wird er neben Ihnen hertraben, und das bald auch in freiem Gelände. Haben Sie Geduld, wenn es nicht gleich klappt. Übung macht den Meister.

„Komm!"

Es ist immer wieder zu beobachten, daß Herrchen oder Frauchen den Hund herbeiruft, ohne daß dieser reagiert. Alles Locken, Betteln und Drohen ist vergebens; schließlich wird er eingefangen und erhält eine Strafpredigt oder gar Schläge.
Solche Methoden, den Hund zum Kommen zu veranlassen, sind grundverkehrt und bewirken eher das

---

Unser Tip

Läßt sich der Hund anfangs Zeit mit dem Kommen, so brüllen Sie nicht, sondern hocken Sie sich lieber hin. Sie wirken für Ihren Setter nun weiter entfernt, und er wird schnell herbeieilen.

Gegenteil. Kein Hund mag zu Herrchen oder zu Frauchen kommen, wenn ihn dort Schelte und Prügel erwarten. Vielmehr muß der Hund freudig zu Ihnen laufen. Rufen Sie von Anfang an Ihren üblichen Befehl „Komm!" oder „Hier!", wenn der Welpe auf Sie zugelaufen kommt. Ist er bei Ihnen angelangt, loben und streicheln Sie ihn und reichen ihm auch einmal einen Leckerbissen. Der Befehl prägt sich ihm ein, und jedesmal, wenn er ihn hört, wird er sich beeilen, denn es wartet ja etwas Gutes auf ihn. Loben Sie den Hund stets, wenn er zu Ihnen kommt. Das Herbeirufen geschieht in normalem Tonfall. Wenn nötig, dürfen Sie schärfer rufen, damit dem Hund klar wird, daß Sie nicht warten werden. Ein klatschender Schlag mit der flachen Hand auf den Schenkel verleiht dem Befehl weiteren Nachdruck. Selbst bei einem hartnäckigen Kandidaten hilft weniger das langsame Herbeiziehen mit Hilfe einer langen Leine als das Locken mit einem schönen Happen.

Wichtig: Wenn Sie Ihren Setter endlich herbeigelockt haben, erhält er seine Belohnung und genausoviel Lob, als wenn er von vornherein freiwillig gekommen wäre.

Grundkommandos: „Sitz!"

„Sitz!"

Der Welpe lernt die Bedeutung und Befolgung dieses Befehls spielerisch kennen. Sie brauchen ihm nur jedesmal „Sitz!" zuzurufen, wenn er im Begriff ist, sich hinzusetzen. Vergessen Sie das anschließende Lob nicht. Sehr schnell wird er den Befehl als Aufforderung zum Hinsetzen begreifen. Erheben Sie gleichzeitig den Zeigefinger als Sichtzeichen zu diesem Befehl.

Üben Sie das Hinsetzen in allen Situationen, auch während des Spazierengehens an der Leine, indem Sie anhalten, den Befehl aussprechen und mit erhobenem Zeigefinger anzeigen.

„Aus!"

„Platz!" ... „und bleib!"

Setzt der Hund sich neben Sie, erhält er Lob, Kopfstreicheln oder auch mal ein Leckerli.

Mit einem etwas begriffsstutzigeren Kandidaten müssen Sie entsprechend öfter üben. Binden Sie ihn an, und zeigen Sie ihm den Leckerbissen. Der Welpe wird nun an der Leine zerren, um ihn zu bekommen. Doch Sie warten damit, bis er sich hinsetzt. Nun erst rufen Sie „Sitz!" und geben ihm die Belohnung.

Wichtig: Das Hinsetzen sollte für den Hund bei jedem Anleinen und vor dem Überqueren einer Straße zur Selbstverständlichkeit werden. Beson-

ders letzteres ist wichtig, kann es ihn doch vor einem Verkehrsunfall bewahren. Der Hund hat bei dem Befehl „Sitz!" sitzen zu bleiben, bis Sie ihm einen anderen Befehl erteilen.

„Platz!"

Dieser allgemein gebräuchliche Befehl soll den Hund bewegen, sich hinzulegen. Er kann auch schon dem Welpen ebenfalls spielerisch beigebracht werden.

Geben Sie das Kommando immer dann, wenn er sich gerade hinlegt. Gleichzeitig geben Sie ihm durch die nach unten weisende Hand ein optisches Zeichen. In schwierigen Fällen hilft es, wenn man den Hund im Nackenbereich sanft hinunterdrückt und gleichzeitig die Vorderpfoten nach vorn zieht. Der gesprochene Befehl begleitet diese Übung.

„... und bleib!"

Etwas mehr Zeit als für die Übungen „Sitz!" und „Platz!" werden Sie zum Einüben des Befehls „Bleib!" brauchen. Er bedeutet ja, daß der Hund allein dort warten muß, wo ihn Herrchen oder Frauchen zurückläßt, bis er oder sie zurückkehrt. Das Befolgen dieses Kommandos ist eine große Leistung für den Hund, der am liebsten in Ihrer Nähe bleibt und Sie nicht aus den Augen verlieren will.

In der ersten Zeit wird der Hund beim Einüben an dafür vorbereiteten Pfählen oder Haken angeleint. Lenken Sie ihn dabei ab, damit er es möglichst nicht bemerkt. Auf diese Weise kann er nicht hinter Ihnen herschleichen. Entfernen Sie sich zuerst auch nur ein paar Schritte, nachdem Sie das in strengem Ton gesprochene „Und bleib!" dem Kommando „Platz!" hinzufügen. Behalten Sie den Hund anfangs im Auge. Falls er hinter Ihnen hergelaufen kommt, dürfen Sie keine Enttäuschung zeigen, ihn auch nicht tadeln oder strafen. Empfangen Sie ihn normal, bringen Sie ihn zu seinem

Warteplatz zurück, und wiederholen Sie die Übung mit noch eindringlicher gesprochenem Befehl und eventuell einem leichten Klaps mit der zusammengefalteten Zeitung. Bleibt er brav an seinem Platz liegen, bis Sie zurückgekehrt sind und ihn mit „Komm!" oder „Auf!" erlösen, hat er ein großes Lob verdient, vielleicht auch ein Leckerli.

Wichtig: Die Lektion „Bleib!"darf nur wenige Male am Tag geübt werden, da sie dem Hund eine große emotionale Leistung abverlangt.

Lassen Sie Ihren Hund bei dieser Übung für immer längere Zeiten liegen, und dehnen Sie die Distanz zu ihm ganz allmählich aus. Schließlich entfernen Sie sich so weit von Ihrem Setter, daß Sie ganz aus seinem Blickfeld verschwinden. Bei einem solchen Vorgang ruhig liegenzubleiben ist für ihn eine gewaltige Gehorsamsleistung. Erst wenn Ihr Hund stets gelassen auf Sie wartet, können Sie sich diese Übung im Alltag zunutze machen. Wenn Sie Geschäfte und Ämter aufsuchen, in die der Hund nicht mit hineindarf, hat er draußen auf Sie zu warten, ohne sich von anderen Menschen oder Hunden ablenken zu lassen.

Lob ist besser als Tadel

Erziehung und Ausbildung müssen beim Setter mit viel Lob und Einfühlungsvermögen erfolgen. Hunde dieser Rasse sind intelligent und begreifen schnell, was bei der Erziehung von ihnen gewünscht wird.

Zeigen Sie dem Welpen, daß Sie sich darüber gefreut haben, wenn er wieder etwas gelernt hat. Sofortiges Lob kann er mit seinem Tun verbinden. Damit das Lob nicht seine erzieherische Wirkung verliert, muß es im richtigen Maße und im richtigen Augenblick erfolgen. Dann kann es sogar sparsam bleiben. Ebenso ist es mit dem Tadel.

Als Welpe und besonders als Junghund wird der Setter natürlich allerlei Flausen im Kopf haben und auch ausprobieren wollen, wie weit er gehen darf. Dann dürfen Sie nicht zögern, ein strenges „Nein" oder „Pfui" zu rufen. Sofort wird ihn der Tonfall Ihrer Stimme aufhorchen lassen. Wenn er nun auch das unerwünschte Verhalten in der geforderten Weise ändert, hat er wiederum ein Lob verdient.

Wenn der Hund jedoch auch durch ein schärferes Verbot nicht zum Gehorsam zu bewegen ist, muß er getadelt oder bestraft werden.

Das dem Befehl „Bleib!" folgende „Komm!" ist für den Hund wie eine Erlösung und wird mit Begeisterung ausgeführt

Wichtig: Tadel und/oder Strafe sind nur sinnvoll, wenn sie sofort erfolgen, am besten noch während der unerwünschten Handlung. Bei einer Reaktion, die mit zeitlicher Verzögerung erfolgt, kann der Hund den Zusammenhang nicht mehr erkennen.

Schläge sind in der Hundeerziehung fast immer falsch, selbst wenn der angerichtete Schaden groß und man selbst sehr ärgerlich ist. Egal ob mit der Hand, der Leine oder einer zusammengefalteten Zeitung – der Hund kann den Grund für die Strafe nur erkennen, wenn Handlung und Reaktion unmittelbar miteinander verbunden sind, etwa der Schrecken durch den Klaps mit der gefalteten Zeitung während des Aufnehmens von Unrat. Der aus seiner Sicht grundlos geschlagene Hund wird nur handscheu und verliert das Grundvertrauen zu seinen Menschen.

Handeln müssen Sie, falls Ihr ca. 1 Jahr alter, also gerade erwachsener Setter Sie anknurren oder nach Ihnen schnappen sollte. Denn damit meldet er Anspruch auf den Platz des *Rudelführers* an. Dies kommt nur vor, wenn er zuvor nicht konsequent erzogen wurde. Der Gernegroß kann Ihnen und anderen Menschen gefährlich werden, wenn Sie ihn nicht zur Raison bringen.

Wichtig: Die wirkungsvollste, aber nicht leicht zu realisierende Strafmaßnahme ist die, welche auch ein Rudelführer im Wolfsrudel ergreifen würde. Packen Sie den aufmüpfigen Hund, werfen Sie ihn auf den Rücken und

Unser Tip

Eine angemessene und für den Hund verständliche Strafe ist, ihn im Nackenfell zu packen und zu beuteln. Dieses Verhalten erkennt ein ungehorsames Tier instinktiv als Sofortreaktion des Rudelführers.

packen Sie ihn fest an der Kehle. Seine Gegenwehr hört sofort auf. Danach geben Sie ihn frei. Sie haben jetzt einen lammfrommen Hund, der so bleiben wird, wenn Sie ihn fortan liebevoll, aber konsequent führen.

Auch die weitere Ausbildung des Setters nach der Erziehung darf nicht mit Härte durchgeführt werden. Diese intelligenten Hunde lernen viel besser, wenn man sie mit Ruhe, Konsequenz und anschließendem Lob erzieht. Sie absolvieren dann früher oder später alle Übungen mit Bravour. Der Setter lernt weder aus Furcht vor Bestrafung noch aus dem Bedürfnis heraus, seinem Herrn einen Gefallen zu tun. Freude bereiten ihm die Lektionen, weil sich damit das Gefühl des zu erwartenden Lobes verbindet. Diese Verknüpfungen müssen immer wieder aufgefrischt werden.

Alleinlassen

Ein Welpe darf nie allein in der Wohnung zurückgelassen werden. Einem größeren Tier hingegen kann dies im Ausnahmefall und für wenige Stunden durchaus zugemutet werden. Doch wenn diese Situation auch selten eintreten sollte – es ist gut für beide Seiten, wenn der Hund das Alleinbleiben gelernt hat. Ihr Setter soll wissen, daß er nicht lange allein bleiben muß, und Sie brauchen die Gewißheit, daß er in der Zeit des Alleinseins nicht an der Tür kratzt und so lange jault, bis die Nachbarn die Feuerwehr rufen.

Für diese Lektion des Alleinelassens ist es am besten, wenn der Hund nach längerem Spaziergang müde ist und sein Geschäft erledigt hat.

Anfangs genügt es, wenn Sie sich in ein anderes Zimmer begeben. Wenn er Ihnen längere Zeit nicht folgt, ist ein erster Schritt getan.
Beim zweiten Schritt testen Sie, ob er es auch so einfach hinnimmt, wenn Sie kurz nach draußen gehen. Bleibt er dabei ebenfalls ruhig, sind Sie mit der Lektion einen weiteren großen Schritt vorangekommen. Beginnt er zu jaulen oder zu bellen – und das ist während der ersten Übungen normal –, dann warten Sie draußen, bis er wenigstens für kurze Zeit still ist. Jetzt können Sie öffnen. Steht er schon hinter der Tür, schicken Sie ihn in sein „Körbchen" zurück, als ob nichts gewesen wäre. Hat er jedoch im Körbchen gelegen, bekommt er ein Lob. Dieses sollte aber nicht zu überschwenglich ausfallen, damit er lernt, die kurze Trennung als Normalität anzusehen.

Wichtig: Lassen Sie den Hund nicht regelmäßig allein, sondern nur in Ausnahmefällen. Gehen Sie vorher und nachher mit ihm nach draußen. Bleiben Sie nicht länger als zwei bis drei Stunden fort. Sonst wäre es besser, ihn für die Zeit bei Bekannten oder Verwandten abzugeben, die als „Hundesitter" einspringen. Der Hund sollte sie aber kennen und mögen.

Vereine und Übungsplätze

Sie wollen Ihren jungen Setter erziehen, haben hierin jedoch vielleicht noch keine oder wenig Erfahrung. In diesem Fall können Sie sich beim zuständigen Landesjagdverband für einen Hundeführerlehrgang anmelden. Oder Sie suchen einen der vielen Hundeübungsplätze auf, von denen es sicher auch einen in Ihrer Nähe gibt. Meistens sind dort Hunde aller Rassen und auch Mischlinge willkommen. Hier erhalten Sie fachmännische Anleitung, wie Sie Ihren Setter vom Welpenalter an zweckmäßig und wirkungsvoll erziehen. Hier kann sich der Welpe auch an die Gesellschaft vieler Hunde und Menschen gewöhnen. Natürlich ist die Ausbildung der Setterwelpen eine andere als etwa die von Schäferhunden, Rottweilern, Hovawarts oder anderen Gebrauchshunden. Auf die Eigenheiten der jeweiligen Rassen wird immer individuell eingegangen.
Auf den Übungsplätzen wird mit den einfachsten Lektionen der Erziehung begonnen und wohldosiert alles trainiert, was ein Hund bis zum Erwachsenenalter lernen sollte. Da Wiederholungen immer wieder nötig sein werden, bleibt das Tier sein Leben lang Schüler.

In Hundevereinen und auf Hundeübungsplätzen können die Setter unter anderem lernen, auf ein entsprechendes Kommando ihres Menschen hin verschiedene Hindernisse zu überspringen

Übungsstunden im Verein sind allemal wertvoller als bloße Spaziergänge. Auf dem Übungsgelände kann vieles trainiert werden, was Sie Ihrem Hund allein kaum werden beibringen können, zum Beispiel daß der Hund auf Ihren Befehl hin Artgenossen ignoriert. Dies ist im Alltag auf der Straße, im Restaurant oder an anderen öffentlichen Plätzen sehr nützlich. So wird Ihr Setter beispielsweise nicht mehr wie wild an der Leine zerren, weil er auf einen entgegenkommenden Hund zulaufen möchte.

Verkehrssicherheit

Zum Programm vieler Vereine gehört unter anderem auch die Ausbildung zum *„verkehrssicheren Hund"*. Am Ende dieser vielseitigen Übungen ist der sogenannte Hundeführerschein zu erwerben, der dem erfolgreichen Hund bescheinigt, daß er die *Begleit-hundprüfung* bestanden hat.

Auch für die schnellen und impulsiven Setter ist eine solche Ausbildung zu empfehlen. Er wird auf diesem Wege zuverlässiger und berechenbarer und ist damit besonders in urbanem Umfeld leichter zu halten.

Es ist eine Freude zu sehen, mit welcher Gelassenheit Hunde nach bestandener Begleithundprüfung den viefältigen Verkehrssituationen begegnen. Sogar Schreckschüsse werden während der Übungen abgegeben, damit die Hunde auch auf außergewöhnliche Geräusche und Situationen nicht mit Furcht reagieren.

Besonders wichtig ist die Verkehrssicherheit Ihres Hundes, wenn Sie ihn neben Ihrem Fahrrad herlaufen lassen (vgl. Seite 44).

Der „verkehrssichere Hund" macht mit seinen tadellosen Manieren außerdem einen guten Eindruck auf unsere Mitmenschen. Auch das sollte für Hundehalter erstrebenswert sein.

Sport, Spiel und Spaß

Setter haben einen ausgeprägten Bewegungsdrang. Für Welpen und Junghunde sind Spielen und Herumtollen zur Stärkung der Muskulatur besonders wichtig. Eine hervorragende Methode, ihnen Bewegung vielfältigster Art zu bieten, besteht darin, sie nach einem Stück Fell, einem zusammengeknoteten alten Socken oder ähnlichem haschen zu lassen, das an einer Angel bewegt wird. Auf diese Weise können Sie Ihren Hund so dirigieren, daß er um Sie herum alle nur möglichen, für ihn wichtige Bewegungsabläufe vollführt. Wenn Sie das Spiel spannend gestalten, kann mit Hilfe der Angel sogar erstes Vorstehen geübt werden.

Auch der Junghund muß viel laufen. Größere Strecken sollten ihm aber erst zugemutet werden, sobald er mit etwa 1 $1/2$ Jahren ausgewachsen und voll belastbar ist. Als Besitzer können wir ihm jedenfalls keine größere Freude bereiten, als mit ihm zusammen zu laufen. Wenn Sie joggen, wandern oder Rad fahren, ist er gern dabei. Von Hundesportvereinen werden sogar Hindernis- und Hürdenläufe für Hund und Mensch als sogenannter gemeinsamer Breitensport ausgeschrieben.

English Setter (orange belton) im Agility-Tunnel

Agility – eine sportliche Herausforderung

Diese Geschicklichkeitssportart verlangt sowohl dem Hund als auch seinem Frauchen oder Herrchen eine nicht geringe Leistung ab.

Ohne Halsband und Leine muß der – *unbedingt absolut HD-freie* und *mindestens 18 Monate alte* – Hund auf einem Parcours verschiedene Hindernisse überspringen, durch Reifen hindurchspringen, über hochgestellte Balken balancieren, durch Tunnels kriechen, Wippen überwinden und durch zwanzig enggesteckte Stangen Slalom laufen.

Wichtig: Der Mensch muß stets an der Seite seines Hundes sein, leitet er ihn doch mit verbalen Kommandos sowie mit Handzeichen so schnell und sicher wie möglich über alle Hürden.

Viel Training ist notwendig, bevor im Parcours alles so klappt, daß Sie an *Wettkämpfen* teilnehmen können. Der Hundeführer darf den Hund während des Laufs nicht berühren – Zuwiderhandeln würde zur Disqualifikation des Teams führen, das Hund und Mensch für den Agilitylauf bilden. Beim Durchlaufen des Parcours ist Schnelligkeit gefragt, doch auf einer

Plattform, dem „Tisch", muß der Hund plötzlich absolut still liegen. Hier hat er obendrein auf Zuruf und Handzeichen seines Führers die Übungen „Steh", „Sitz" oder „Platz" zu zeigen, je nachdem, was kurz vor dem Start zum Lauf von der Wettbewerbsleitung angeordnet worden ist. Das verlangt dem Hund äußerste Konzentration ab. Ähnlich schwierig ist es für den schnellen Setter, sich fehlerfrei durch die mit 40 cm Abstand eng in einer Reihe gesteckten Slalomstangen zu schlängeln.

Einen solchen Parcours fehlerfrei zu durchlaufen, ist eine große Leistung für Hund und Mensch. Der Setter lernt jedoch schnell und hat sichtlich Freude, die gestellten Aufgaben zu bewältigen. Am Ende erwarten ihn großes Lob und ein Leckerli. Verweigerungen an Hindernissen oder gerissene Stangen bringen dem Team in offiziellen Wettbewerben Strafpunkte ein. Nach dreimaliger Verweigerung wird das Team disqualifiziert. Oft treten auch Mannschaften mit vier Mensch-Hund-Teams gegen die anderer Vereine an.

Die Begeisterung für Agility wächst – durch den VDH, den Verband für das deutsche Hundewesen, werden schon nationale und internationale Agility-Meisterschaften ausgeschrieben.

Setterausbildung für Jäger und Nichtjäger

Der Setter als Such- und Vorstehhund

Obgleich die meisten Setterfreunde ihre Tiere heute hauptsächlich als *Familienhunde* halten, so wird doch eine Anzahl dieser Hunde auch für jagdliche Zwecke eingesetzt – und damit der Verwendung zugeführt, für die sie eigentlich gezüchtet wurden. Die Fertigkeiten, die von *Jagdhunden* verlangt werden, lernen Setter meist ohne große Mühe, und sie bestehen die Prüfungen mit Bravour.

■ *Down!*

Nachdem der Setter die Grundausbildung absolviert hat und die elementaren Lektionen der Unterordnung beherrscht, muß ihm beigebracht werden, sich auf den Befehl „Down!" hin sofort flach auf den Boden zu legen. Der Sinn dieses Befehls liegt darin, dem Hund das Hetzen von Wild im allgemeinen und von Hasen oder Kaninchen im besonderen abzugewöhnen. Der Hund soll bei der freien Suche im Feld ja Federwild aufspüren und ihm vorstehen. Springt dabei vor ihm ein Hase oder ein Kaninchen auf, ist für ihn die Versuchung groß, hinterherzujagen.

▬▬▬ *Die Übung „Down!"*

Eine solche Hetze auf anderes Wild soll durch den gerufenen Befehl, unterstützt von einem lauten Pfiff und dem Hochschnellen eines Arms, auf der Stelle unterbunden werden. Der Setter darf nach dem Befehl „Down!" nicht irgendwie liegen – wie bei der Übung „Platz!" –, sondern er muß die Hinterläufe beidseitig neben dem Rumpf halten und seinen Kopf zwischen die ausgestreckten Vorderbeine legen. So hat er selbst bei niedriger Vegetation keine Möglichkeit, das davoneilende Wild zu sehen, wird also auch nicht aufspringen und mit der Hatz beginnen.
Die sofortige Befolgung des Befehls „Down!" ist für den Jagdhund vor allem deshalb wichtig, weil der Jäger damit freie Schußbahn erhält und nicht Gefahr läuft, versehentlich den vorstehenden Hund zu erschießen. Die Stellung, die der Setter beim „Down!" einzunehmen hat, entspricht der Demutshaltung. Daß er diese nicht gern einnimmt, liegt auf der Hand. Darum werden von manchen Ausbildern von Anfang an Zwangsmaßnahmen angewendet. Diese sind bei den meisten Hunden jedoch nicht notwendig, sieht man von dem in scharfem Ton gesprochenen Befehl und einem klatschenden Klaps mit der zusammengefalteten Zeitung bei sehr widerspenstigen Kandidaten ab.
Die Übung „Down!" wird mit dem etwa acht Monate jungen Setter begonnen und täglich mehrmals nur ganz kurz während des normalen Auslaufs an der Leine wiederholt.
In der Position „Sitz!" bekommt der Hund zuerst den Befehl „Down!", der mit unmißverständlich mahnender oder scharfer Stimme langgezogen gesprochen wird. Gleichzeitig drücken Sie langsam mit einer Hand auf den Nacken, während die andere die Vorderläufe nach vorn zieht. Der Kopf wird nun auf den Boden gedrückt. In dieser Stellung muß der vierbeinige Schüler erst einige Sekunden, später etwas länger, liegenbleiben. Für den

Fall, daß der Hund hochspringen oder aufschauen will, hält ihm der Hundeführer seine Hände über den Kopf.

Wichtig: Der Befehl „Down" muß mit Härte eingeübt werden. Während und unmittelbar nach der Übung gibt es deshalb kein überschwengliches Lob und keinen Belohnungshappen. Nachdem Sie mit „Komm!" die „Down!"-Übung beendet haben, genügt ein kurzes „Gut so!", und der Spaziergang wird fortgesetzt.

Es gibt Setter, die trotz intensiven Übens den Befehl „Down!" ignorieren und sich beim Training zur Hatz verleiten lassen. Da hilft oft weder Rufen und Pfeifen noch das Zeichen mit dem erhobenen Arm. Hier kann mit einer *langen Leine* Abhilfe geschaffen werden und natürlich mit häufiger Wiederholung der Übung „Down". In verschiedensten Situationen und immer wechselnder Reihenfolge wird das „Down!" zusammen mit anderen Aufgaben geübt, auch mit „Platz und bleib". Gute Leistungen dürfen hierbei mit großem Lob und einem Leckerbissen belohnt werden.
Auch der Nichtjäger unter den Setterbesitzern sollte die Übung „Down!" mit seinem Hund bis zur Perfektion trainieren. Denn ein Setter, der nicht

jagdlich ausgebildet ist, neigt mehr oder weniger stark zur Hatz. Nur das zuverlässig befolgte „Down!" kann sicherstellen, daß Ihnen Ihr Hund beim Spazierengehen nicht wegläuft und wildert. Auch können Sie damit den Hund selbst vor Schaden bewahren, etwa vor einem Unfall auf einer Straße oder gar vor der Kugel des Jägers, der befugt ist, im Revier frei herumlaufende Hunde abzuschießen, wenn sie sich außer Sichtweite ihrer Menschen befinden und der Verdacht besteht, daß sie wildern.

▬ Das Apportieren

Wie jeder Hund liebt es auch ein Setter, Apportierholz, Stöcke oder andere Gegenstände herbeizutragen. Der Hund sieht den von Ihnen geworfenen Stock als seine Beute an. Lassen Sie es aber nicht dabei bewenden, sondern bestehen Sie darauf, daß der Hund sofort zu Ihnen kommt, sich setzt und den Stock an Sie herausgibt – allerdings erst, wenn Sie ihn mit dem Befehl „Aus!" oder „Gib!" dazu auffordern. Halten Sie dabei die Hand unter seinen Fang. Wenn es klappt, loben und belohnen Sie ihn mit einem Leckerli. Nicht lange, und er wird Ihnen den apportierten Gegenstand nach dem entsprechenden Befehl freiwillig in die Hand geben.

Nun reicht dieses spielerische Apportieren für die jagdliche Ausbildung natürlich nicht aus. Gehen Sie bei den weiterführenden Lektionen systematisch vor: Zuerst lassen Sie den jungen Hund sein am Wegesrand aufgelesenes Stöckchen unter viel Lob nach Hause tragen. Bald geben Sie ihm ein leichtes Apportierholz oder einen anderen Gegenstand in den Fang, oder lassen ihn diesen vom Boden aufnehmen. Mit dem Befehl „Apport!" hat er ihn jetzt zu halten und, sobald das klappt, auch zu tragen, bis Sie ihn ihm unter „Aus!" oder „Gib!" abnehmen. Der Hund soll erst loslassen, wenn Sie diesen Befehl aussprechen, und noch nicht, sobald Sie den Gegenstand berühren. Nachdem er die Übung korrekt absolviert hat, bekommt er ein Leckerli zugesteckt. Dank dieser guten Erfahrung wird er auch Wild freudig herausgeben.

Das *Apportieren nach dem Schuß* lernt der – schußfeste – Setter mittels einer sogenannten Schleppe. Dazu wird ein geschossenes Kaninchen oder ein anderes Stück Niederwild an einer Schnur eine Strecke weit im Gelände durch das Gras gezogen. Der Hund soll die Fährte verfolgen, das Wild aufspüren und seinem Menschen apportieren. Bei Federwild wird nach einer freien Suche apportiert.

■ Suchen

Zuerst können Sie dem hungrigen Setter kleine Leckerbissen in immer größer werdenden Abständen im Gelände auslegen. Das wird ihn zum eifrigen Suchen anregen. Wenn Sie dann während eines Spaziergangs mit Ihrem Setter unbemerkt einen Gegenstand verstecken und sich den Platz merken, können Sie den Hund auf dem Rückweg suchen lassen. Dieses Spiel wird ihm viel Freude machen, zumal da eine Belohnung damit verbunden ist. Bringt er Ihnen das gefundene Stück und gibt es Ihnen auf den Befehl „Aus!" hin in die Hand, dann hat er großes Lob verdient.

Dieses Spiel kann auch für Sie von Nutzen sein, etwa wenn Sie einmal Ihren Schlüsselbund oder die Geldbörse verlieren.

Auch wenn Ihr Hund etwas für ihn Interessantes findet, ohne daß Sie ihn

Der Irish Setter apportiert eine Ente aus dem Wasser, ...

... bringt diese seinem Herrn und setzt sich auf Kommando

mit „Pfui!" rechtzeitig daran hindern konnten, sollten Sie ihn loben, wenn er Ihnen seinen Fund bringt und gibt.

Für die *jagdliche Suche* werden Sie natürlich etwas anders vorgehen, wenngleich sich auch diese zuerst auf Gegenstände beschränkt, die nichts mit der eigentlichen Jagd zu tun haben. Werfen Sie vor dem täglichen Auslauf Gegenstände, die dem Hund bekannt sind, ins hohe Gras. Lassen Sie ihn später gegen den Wind danach suchen und die Gegenstände apportieren. Solche Suchen können auch erst am nächsten Tag durchgeführt werden, wenn die Witterung der Gegenstände etwas schwächer geworden ist.

Bei der *Feldarbeit* hat der Setter auf den Befehl „Voran" ein bestimmtes Gelände abzusuchen. Bei der mit Handzeichen geübten Suche in weiten Schleifen soll dem Hund gegen den Wind die Witterung der Hühner in die erhobene Nase kommen.

Wo sich das Federwild in Feldrainen aufhält, soll es der Setter gezielt mit oder ohne direkte Feldsuche aufspüren. Lassen Sie ihn aber erst dann Rebhühner oder Fasane suchen, wenn er die Übung beherrscht. Führen Sie ihn dabei zuerst an der *langen Leine*. Eine wichtige Fähigkeit des Setters ist das sogenannte *Sekundieren*. Dabei arbeiten zwei Hunde während der Pirsch auf Federwild zusammen.

Selbst wenn diese sich nicht kennen, sollen sie einander respektieren und ergänzen. Bei Prüfungen werden die Hundeteams ausgelost.

▩ *Vorstehen*

Das Vorstehen liegt den meisten Settern seit Generationen im Blut. Dabei bleibt der Hund, sobald er Witterung aufgenommen hat, wie versteinert stehen oder setzt sich und weist mit vorgestreckter Nase geradewegs auf das Versteck des Wildes hin. Er wartet in dieser Position auf seinen Menschen. Begreift ein Setter nicht gleich, daß er vorzustehen hat, und jagt er dem Federwild nach, nachdem dieses von ihm selbst oder vom Jäger aufgebracht wurde, dann hilft der Befehl „Down!", notfalls unterstützt durch einen Ruck an der in solchen Fällen hilfreichen langen Leine.
Als gute Vorbereitung für das Vorstehen kann mit einem versteckten Köder geübt werden (vgl. Seite 52).

Nützliche Organisationen

Als Jäger, der einen Setterwelpen zum Jagdhund abrichten will, werden Sie wahrscheinlich den Kontakt zu anderen Hundehaltern unter den Jägern suchen. Je nach Erfahrung wird dies auch für die jagdliche Ausbildung Ihres Hundes von mehr Nutzen für

Sie und Ihren vierbeinigen Jagdkameraden sein als alle Theorie. Auf der Suche nach Kontakten sind die verschiedenen *Rasse-Clubs* die richtigen Adressen (siehe Anhang). Dort wird man Ihnen auch die *Jagdgebrauchshundevereine* und die *Jägerschaften* in Ihrer Gegend nennen können.
In diesen Jagdgebrauchshundevereinen werden auch die jagdlichen Fähigkeiten des Setters trainiert und kontrolliert. Dabei hat der Hund folgende Prüfungen abzulegen:

▩ *Frühjahrssuche*

Man unterscheidet „Jugendsuche", „Alterssuche" und „Große Suche" mit verschiedenen Aufgaben und Schwierigkeitsgraden. Dabei sind eine gute Nase, Schnelligkeit und Ausdauer bei der Suche ebenso wichtige Bewertungskriterien wie das Vorstehen vor dem Federwild mit Nachziehen, Gehorsam, Standfestigkeit bei auffliegendem Federwild und bei Hasen sowie das Sekundieren.

▩ *Herbstprüfungen*

Über die bei den Frühjahrssuchen erbrachten Leistungen hinaus muß der Setter Federwild und Kaninchen nach einer Schleppe suchen und apportieren, dazu Enten im Schilf suchen und aus dem Wasser holen.

Die Ernährung

Fertignahrung kaufen oder Futter selbst zubereiten?

Für die Ernährung des Hundes stehen heute viele Sorten von Fertigfutter zur Verfügung, die bestens auf die Bedürfnisse der Tiere abgestimmt sind. Es gibt *Flocken-*, *Dosen-* und *Trockenfutter* mit exakten Angaben zum Gehalt an Eiweiß, Fett und Kohlenhydraten sowie allen Vitaminen, Spurenelementen, Mineral- und Ballaststoffen. Wegen des unterschiedlichen

Futterbedarfs von Welpen und Junghunden in der Entwicklung, von erwachsenen Hunden sowie trächtigen und säugenden Hündinnen oder von alten Hunden werden neben den gängigen und in allen Supermärkten erhältlichen Standardsorten auch Mischungen angeboten, die nach Nährwert- und Nährstoffmengen genau auf diese Gruppen abgestimmt sind. Mit unterschiedlichen Sorten wird bei der industriell gefertigten Nahrung auch auf den individuellen und sich wandelnden Geschmack des Hundes Rücksicht genommen. Ungeachtet des umfassenden und hochwertigen Angebots gibt es immer noch einige Hundehalter, die ihrem Tier lieber selbst zubereitetes Futter geben. Die Zusammenstellung eines ausgewogenen Futters ist eine kleine Wissenschaft für sich. Fleisch spielt dabei eine wesentliche Rolle, aber auch andere Komponenten sind wichtig.

Alles Fleisch, natürlich auch Innereien und der gern genommene Pansen, muß zuvor abgekocht sein (siehe auch „Futtervielfalt", Seite 68).

Wichtig: Rohes Fleisch und Innereien von Rind, Schaf oder Geflügel und Kaninchen *(niemals vom Schwein!)* dürfen nur gegeben werden, wenn diese Tiere auf einem nach streng ökologisch-dynamischen Regeln geführten Bauernhof aufgewachsen und dort geschlachtet worden sind. Nur dort ist gewährleistet, daß sie unter natürlichen Bedingungen, ohne chemische Futterzusätze und ohne überflüssige Impfungen gezogen wurden.

Daß *Gemüse* für den Hund ein wichtiger Nahrungsbestandteil ist, können wir aus der Vorliebe des Wolfs für die Innereien seiner Beutetiere ableiten. Was dort durch die Verdauung bewirkt wurde, müssen wir durch schonendes Dünsten erreichen. Die Vitamine im Gemüse sollen ja weitgehend erhalten bleiben. Leider gelingt das beim Dünsten nur mangelhaft. Ein Zusatz von Vitaminen zum selbst bereiteten Futter (oder als Zugabe bei gelegentlicher Fütterung von Resten menschlicher Nahrung, die eine Ausnahme bleiben sollte) ist darum empfehlenswert, am besten in Form eines guten Futterkalks, der zugleich den Bedarf des Hundes an Mineralstoffen und Spurenelementen in der richtigen Zusammensetzung deckt.

Wichtig: Scharf gebratene, gewürzte, saure oder süße Speisen sind für den Hund tabu. Gelegentlich eine kleine Portion gekochte Kartoffeln, Gemüse, Nudeln, Reis und Kochfleischreste können dagegen nicht schaden. Restefüttern sollte allerdings die Ausnahme bleiben.

Füttern nach Maß

Ernährung des Welpen

Ihre erste *Zusatznahrung* bekommen die Welpen beim Züchter etwa ab der dritten Woche. Zunächst wird sie in halbflüssiger Form mit Welpenmilch gegeben, im Alter von knapp einem Monat auch in Form festerer Brocken. Die Zufütterung wird verstärkt, sobald die Milchproduktion der Hundemutter nachläßt.

Vom Züchter erhalten Sie für den Welpen einen *Futterplan*, um eine zu radikale Nahrungsumstellung zu vermeiden. Sollten Sie in Fragen der Ernährung auf sich allein angewiesen sein, wird Ihnen der Speiseplan auf Seite 66 für Welpen in den verschiedenen Entwicklungsstufen helfen. Die *Tagesration* richtet sich nach dem Gehalt der Futtersorten und der Futterverwertung durch den jeweiligen Hund.

Speiseplan für den Welpen (ab 8./10. Woche)	
1. Mahlzeit, 7.00 Uhr	Brei aus Hundeflocken (für Welpen) in lauwarmer Welpenmilch, jeden 2. Tag ein weich gekochtes, zerdrücktes Ei daruntergemischt
2. Mahlzeit, 11.00 Uhr	Abwechselnd gekochtes Fleisch (kleingeschnitten) mit Welpenflocken und etwas gedünstetem Gemüse (Spinat, Möhren) in Fleischbrühe reichen, oder eine Welpen-Fleischmahlzeit aus der Dose
3. Mahlzeit, 14 Uhr	Welpenhundekuchen, dazu etwas lauwarme Welpenmilch
4. Mahlzeit, 18 Uhr	Gekochtes, kleingeschnittenes Fleisch mit weich gekochtem Reis, Vollkornnudeln oder Kartoffeln und geriebenem Apfel vermischt, oder eine Welpen-Fleischmahlzeit aus der Dose
5. Mahlzeit 21 Uhr	Hunde- oder Haferflocken abwechselnd mit Welpenmilch oder Fleischbrühe angerührt

Fütterung des Junghundes

Ab einem Alter von vier Monaten kann die Fütterung auf *vier Mahlzeiten* reduziert werden, wobei die Hauptmahlzeit um 18 Uhr gereicht wird. Sie sollte auch die letzte des Tages sein.

Mit 5 bis 6 Monaten erhält der junge Setter nur noch drei Mahlzeiten.

Wenn Sie die morgendliche Fütterung auf 8 oder 9 Uhr verschieben, wird er die Lücke kaum bemerken.

Hat der Setter sich gut entwickelt, reicht ab dem 7. oder 8. Monat bereits eine *zweimalige Fütterung* pro Tag. wenn zwischendurch ein paar kleine Hundekuchen gereicht werden. Mit 1 $^1/_2$ Jahren ist der Setter erwach-

sen und körperlich ausgereift. Es bleibt aber bei zwei Mahlzeiten pro Tag, wobei die erste kleiner ausfallen sollte. Er bekommt sie nach dem Morgenauslauf. Nach dem Fressen wird eine *mindestens einstündige Ruhepause* eingelegt. Mittags werden ein paar *Hundekuchen* gegeben.
Die zweite- und Hauptmahlzeit wird abends gereicht. Auch während und nach dieser Fütterung muß der Hund mindestens eine Stunde absolute *Ruhe* haben. Das ist besonders wichtig, denn wenn der Setter eine zu große und/oder zu kalte Mahlzeit erhält, diese zu hastig verschlingt und anschließend wild herumtobt, kann es zu einer für den Hund lebensgefährli-

chen *Magendrehung* kommen. Diese führt unweigerlich zum qualvollen Tod des Tieres, wenn nicht sofort operiert wird. Um dieser Gefahr vorzubeugen, sollte auch der Futternapf stets erhöht stehen. Denn so nimmt der Hund beim Fressen weniger Luft auf.
Manche Setterfreunde verordnen ihrem Hund einen *Fastentag* pro Woche – bei älteren und trägeren Hunden durchaus zu empfehlen.

Futtermenge
Ausgewachsene Setter brauchen bei einem Gewicht zwischen 20 und 32 kg bei konventioneller Ernährung eine tägliche Futtermenge von 1200

bis 1400 g. Beim wesentlich gehalt-
volleren Dosenfutter ist eine Tages-
menge von nur 850 bis 1000 g ausreichend, und bei Trockenfutter genügen
sogar 250 bis 350 g, da es ja mit einer
entsprechend großen Menge Flüssigkeit gereicht werden muß.

Die als Belohnung bei Erziehung und
Ausbildung gegebenen *Leckerli* sollten
grundsätzlich klein und wenig nähr-
stoffreich sein. Ihre Menge muß bei
der Gesamtfuttermenge berücksichtigt
werden.

Exakte Mengenangaben sind nicht
möglich; denn der unterschiedliche
Energiebedarf spielt eine große Rolle.
An einem ruhigeren Tag wird weniger
Energie verbrannt als an einem mit
viel Bewegung. Auch sind Hunde –
ebenso wie Menschen – durchaus
individuelle Futterverwerter.

Innerhalb einer Viertelstunde sollte
der Hund seinen Napf leergefressen
haben. Bleiben Reste zurück, bekommt
er bei der nächsten Fütterung entsprechend weniger. Reste werden sofort
entfernt. Sie verderben schnell und
sind eine Brutstätte für Fliegen.

Futtervielfalt

■ *Fleisch* sollte grundsätzlich nur
gekocht gegeben werden. Zwar können die Erreger der für den Hund töd-
lichen *Aujeszkischen Krankheit* nur

im Schweinefleisch auftreten, aber sie
können im Geschäft leicht auf anderes
Fleisch übertragen werden.

■ *Innereien* sind wegen der darin
enthaltenen Mengen von Schwerme-
tallen und anderen Schadstoffen nur
bedingt und in kleinen Mengen als
Hundefutter brauchbar. Dies gilt vor
allem für Leber und Nieren. Für Fisch
gilt das gleiche wie für Fleisch.

■ Andere tierische Produkte, die in
kleinen Mengen ins Hauptfutter
gemischt werden können, sind frische
Eier (weich gekocht), *Joghurt*, *Mager-
quark*, *Hüttenkäse* und *milder Käse*.

■ An kohlenhydratreicher Hunde-
nahrung sind vor allem *Reis*, *Getrei-
deflocken* und *Nudeln* anzubieten.
Hefeflocken gelten als Zusatzfutter
mit hohem Gehalt an Vitaminen,
besonders denen der B-Gruppe.

■ Vitamin- und mineralienreich sind
auch alle *Obst-* und *Gemüsesorten*.
Roh, aber zerdrückt, kleingeschnitten
oder geraspelt werden beispielsweise
Bananen, Erd- und Himbeeren, Äpfel,
Birnen, Salat, Endivien und vieles
mehr gern genommen. Gedünstet und
zerkleinert werden Möhren, Kartoffeln, Spinat oder Mangold gegeben.

Gras – die grüne Medizin

Wie jeder Hund nimmt auch unser
Setter häufig Gras auf. Er braucht es,

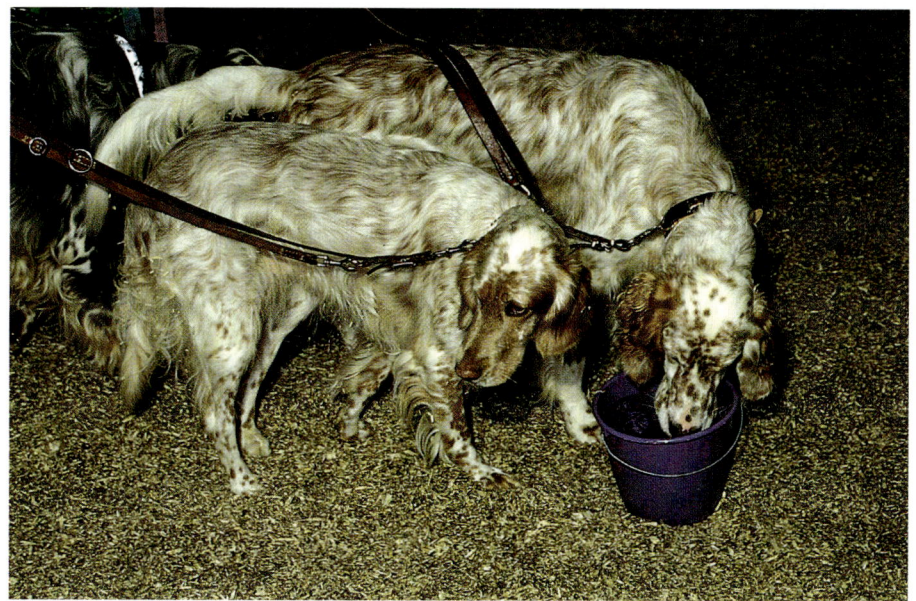

Auch während einer Hundeschau müssen die Hunde mit frischem Wasser versorgt werden. Hier löschen zwei English Setter (orange belton) ihren Durst.

um sich nach der Aufnahme erbrechen zu können. Auf diese Weise werden unverdauliche Fremdkörper wie Knochensplitter oder ein Haarballen ausgewürgt. Das Grasfressen dient also der Reinigung des Magens. Instinktiv nimmt der Hund aber auch Gras auf, wenn ihn keine Magenbeschwerden plagen, um sich auf diese Weise mit eventuell fehlenden Nährstoffen zu versorgen. Dabei bevorzugt er *Quecken*, die als harntreibend und leicht abführend gelten.

Trinkwasser

Frisches Wasser sollte für unseren Setter stets zur Verfügung stehen.
Nur selten kommt es vor, daß ein Tier ständig übermäßigen Durst hat. Ist der Durst nicht krankheitsbedingt (Fieber, Vergiftung u. ä.), was zuvor eindeutig geklärt werden muß, kann die Wassermenge auch rationiert werden.

Wichtig: Lassen Sie Ihren Hund niemals aus schmutzigen Teichen oder gar aus Pfützen trinken!

Haltung und Pflege

Der Setter braucht Bewegung

Als von Natur aus schlanker Jagdhund ist jeder Setter zum Laufen geschaffen. Daß er gern und viel läuft, erleben wir auf Spaziergängen. Wenn wir ihn dabei an der Leine führen, reichen sie allerdings nicht aus, um seinen Bewegungsdrang zu stillen. Wenn er dagegen frei laufen darf, absolviert er das Vielfache der Strecke, die wir flotten Schrittes bewältigen. Viele Setterfreunde begleiten den Auslauf ihres Hundes deshalb mit dem Fahrrad. Dabei sollten Sie allerdings daran denken, daß Ihr Schützling erst im Alter von 18 Monaten körperlich voll belastbar ist.

Beim Spaziergang hält sich der Hund links von seinem Herrn („Bei Fuß!"), bei der Ausfahrt mit dem Rad aber rechts („Rad!"). So ist er gegen Verkehrsgefahren gut abgeschirmt. Führt die Radtour durch verkehrsreiche Gebiete, geht der Hund angeleint nebenher. In offenem Gelände ohne Verkehr oder andere Gefahren darf er frei neben dem Rad laufen.

Die Radbegleitung sollten Sie mit dem Hund schon früh üben, möglichst ab dem sechsten Lebensmonat. Anfangs muß das Rad geschoben werden, während der Hund lernt, sich brav neben dem Radfahrer zu halten.

Unser Tip

Am besten teilen Sie den täglichen Gesamtauslauf in zwei große Spaziergänge pro Tag auf. Beide finden jeweils vor den Fütterungs- und Ruhezeiten statt. Das bekommt dem Setter am besten.

Ein erwachsener Setter kann eigentlich nie zuviel Bewegung haben. Sein *Tagespensum* sollte bei zwei, besser bei drei Stunden Auslauf und Herumtollen liegen, was für uns Menschen etwa acht bis zwölf Kilometer flotten Gehens bedeutet, während der Hund mindestens die doppelte Strecke zurücklegt. Mit dem Fahrrad sind 15 bis 25 Kilometer ausreichend. Zwischen-

Der Hund und sein Zuhause

Im Haus mit Garten

In einem Haus mit Garten hat der Setter natürlich weit bessere Entfaltungsmöglichkeiten als in einer kleinen Etagenwohnung. Frische Luft, Beschäftigung und die zusätzliche Bewegung, die er sich im Garten selbständig verschaffen kann, tun ihm gut. Vielleicht darf er auf einem bestimmten *Löseplatz* im Garten auch einmal allein seine Geschäfte verrichten. Das sollte Herrchen oder Frauchen jedoch nicht zur Bequemlichkeit verleiten. Die gemeinsamen Spaziergänge oder Ausfahrten mit dem Rad dürfen deshalb nicht gekürzt werden. Sie machen dem Hund ja auch weit mehr Spaß als der einsame Aufenthalt im Garten.

durch wird dem Hund Gelegenheit zum *Verschnaufen* geboten, was Ihnen jedoch meistens gelegener kommen wird als Ihrem Vierbeiner.
Bei jungen Hunden beginnen Sie erst einmal mit einer Strecke von anfänglich vier bis fünf Kilometern und steigern diese allmählich.
Ältere Tiere sind mit weniger Auslauf zufrieden als erwachsene oder junge Hunde. Sie werden aufgrund Ihrer Erfahrung sicher selbst beurteilen können, wann es genug ist.

In der Wohnung

Der Setter ist in seinem Zuhause meistens ein ruhiger, rücksichtsvoller Hund. Bei viel regelmäßiger und strammer Bewegung läßt er sich auch in einer Stadtwohnung halten.
Da er gern am Familienleben teilnimmt und es ihm ein Bedürfnis ist, Sichtkontakt mit Ihnen zu halten, sollte es selbstverständlich sein, daß sein Körbchen oder die Hundematte

in der Nähe Ihrer Couch oder Ihres Sessels plaziert werden.

Damit der Setter mit seinem langen Haar nach einem Ausflug bei Regen nicht die Teppiche ruiniert, sollten Sie es sich zur eisernen Regel machen, ihn vor Betreten der Wohnung einer Reinigungs- und/oder Trocknungsprozedur zu unterziehen. Der Hund muß entweder im Flur oder im Badezimmer bleiben, bis er wieder „salonfähig" gemacht wurde. Die Hausfrau ist dankbar, und der Hund wird freudig mitmachen, wenn die Einhaltung dieser Benimmregel ihm eine Belohnung einbringt. Denken Sie sich einen Begriff aus, den Sie immer dann verwenden, wenn Sie Ihren Setter nach einem Spaziergang bei „Schmudelwetter" saubermachen wollen.

Ein Setter neigt von Natur nicht zum Kläffen, sondern er ist in bezug auf Lautäußerungen ein eher ruhiger Hund. Dies macht ihn für die Nachbarn ebenso sympathisch wie seine unaufdringliche Art.

Falls Sie in einer Stadtwohnung in einer oberen Etage ohne Fahrstuhl wohnen – lassen Sie es beim Treppensteigen eher etwas langsam angehen, vor allem wenn der Hund etwas übergewichtig und zu wenig trainiert ist.

Urlaubsreisen

Bei Fahrten ins Ausland müssen Sie in jedem Fall die für das jeweilige Gastland gültigen *Einreisebestimmungen* berücksichtigen und die erforderlichen Impfungen nachweisen können.

... mit dem Auto

Fast jeder Setter fährt gerne Auto. Wenn es Ihnen möglich ist, ihn im Auto in den Urlaub mitzunehmen, wird er glücklich sein. Sein Platz ist *hinten*, wenn möglich auf der mit einer Decke gepolsterten Ladefläche eines *Kombiwagens*. Diese sollte unbedingt mit einem *Sicherheitsgitter* oder -netz vom Passagierraum abgeteilt werden.

Auch in den meisten anderen Autos kann der Setter bequem und sicher mitreisen. Sein Platz ist dann auf dem Rücksitz. Dort kann er mit einem passenden Anschnallgurt, der ihm recht viel Bewegungsfreiheit läßt, gesichert werden. Bei Limousinen sollte hinter der vorderen Sitzreihe ein Gitter installiert werden. Dem Hund darf auf keinen Fall erlaubt werden, von einem Platz zum anderen zu wandern und so womöglich den Fahrer abzulenken oder gar zu behindern. Keine Versicherung würde im Falle eines durch den Hund verursachten Unfalls für den Schaden aufkommen.

Auch als Reisegefährte braucht der Hund eine gründliche Erziehung. Er darf vor allem nicht eigenmächtig aussteigen. Das könnte für ihn und für unbeteiligte Menschen gefährlich werden, wenn er dadurch vor ein herannahendes Auto gerät. Auch einsteigen darf er nur mit Erlaubnis.

Manchem Setter wird trotz seiner Freude am Autofahren leicht übel. Er beginnt dann zu sabbern und muß sogar erbrechen. In diesem Fall sollte man bei der ersten Gelegenheit anhalten, damit der Hund frische Luft und eine längere Reisepause bekommt. Es gibt auch *Reisetabletten* für Hunde – befragen Sie dazu Ihren Tierarzt.

Im Sommer kann es für den Setter im Auto leicht zu heiß werden. Reisen Sie deshalb mit ihm am besten morgens, abends oder in der Nacht. Gefährlich ist das Fahren mit offenem Fenster. Die Zugluft kann leicht *Atemwegserkrankungen* auslösen.

Wichtig: Lassen Sie den Hund während einer Rast im Sommer nie im Auto zurück. Der Hitzestau kann ihn umbringen, selbst im Schatten. Geben Sie dem Hund einige Stunden vor Reisebeginn kein Futter mehr. Dann wird ihm während der Fahrt nicht so leicht übel.

Denken Sie daran, daß Ihr Setter alle zwei Stunden für eine Pause dankbar ist. Und auch Ihnen tut nach dieser Zeitspanne eine Verschnaufpause gut. Auf dem Rastplatz geben Sie Ihrem vierbeinigen Reisebegleiter (stets angeleint) die Möglichkeit, umherzulaufen und sein Geschäft zu verrichten. Etwas *frisches Wasser* sollte ihm ebenfalls angeboten werden.

Ein ideales Fahrzeug für Reisen mit großen Hunden wie dem Setter ist das Wohnmobil, besonders wenn auch Kinder mit von der Partie sind. Hinweise auf Campingplätze, auf denen Sie mit dem Vierbeiner willkommen sind, finden Sie in jedem guten Campingführer.

... mit der Bahn

Wenn der Setter bereits die Ausbildung zum verkehrssicheren Hund absolviert hat, wird er Fahrten mit U- oder S-Bahn wohl schon kennengelernt haben. So können für den Urlaub auch kürzere Reisen mit der Bahn in Betracht gezogen werden. Beim Ein- und Aussteigen muß der Hund aber die hohen, steilen Stufen bewältigen. Für einen Tier dieser Größe ist ein Platz gegenüber dem Ihren zu reservieren.
Eine Bahnreise sollte nicht lange dauern, denn neben den für den Hund unangenehmen Fahrgeräuschen sind auch dessen natürliche Bedürfnisse problematisch. Die Aufenthalte auf den Bahnhöfen sind meist zu kurz, um ihm das Lösen zu ermöglichen.

... mit dem Flugzeug

Wer seinem Setter eine Flugreise zumuten will, sollte dafür schon sehr triftige Gründe haben. Der große Hund kann nämlich nicht – wie Kleinhunde mit einem Gewicht von bis zu 5 kg – einfach in den Passagierraum mitgenommen werden. Vielmehr müßte er den Flug in einem klimatisierten *Frachtraum* überstehen, eingesperrt in eine sogenannte „Jet-Box" aus Kunststoff mit Gittertür. Für den Setter ist ein solcher Flug eine Tortur. Sollten Sie dennoch keine andere Möglichkeit sehen, informieren Sie sich bei Ihrem Tierarzt über sanfte Beruhigungsmittel. Legen Sie dem Hund unbedingt ein von Ihnen *getragenes Kleidungsstück* (Schal, Unterhemd) mit in die „Jet-Box", damit er Ihre Witterung in der Nase hat.

... mit dem Schiff

Natürlich sind mit einem Hund nur kurze Fahrten möglich, etwa über den Bodensee oder zu den Friesischen Inseln. Auch auf den Fähren innerhalb Europas sind gelegentlich Hunde zu sehen.

Wohin mit dem Setter, wenn er nicht mitfährt?

Bei aller rassetypischen Reisefreudigkeit gibt es aber auch Setter, die sich

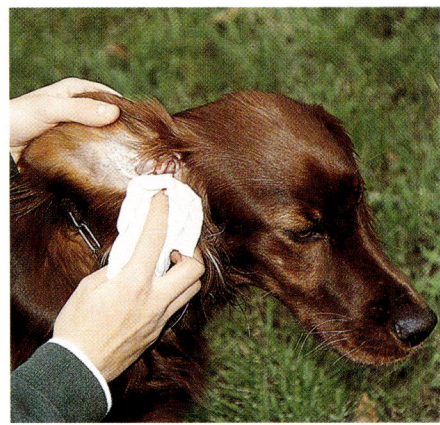

Körperpflege beginnt mit einer Kontrolle der Zähne ...

... und der Ohren, die regelmäßig gereinigt werden müssen

vor dem Autofahren regelrecht fürchten – vielleicht wegen traumatischer Erlebnisse in den ersten Lebensmonaten. Möglich ist auch, daß sein Gleichgewichtsorgan oder der Geruchssinn besonders empfindlich auf die Erschütterungen der Fahrt oder die Auspuffgase anspricht. Wenn solche Hunde zum Autofahren gezwungen werden, reagieren sie mit Zittern, Unwohlsein mit häufigem Erbrechen, vielleicht sogar mit Umsichbeißen und Fluchtversuchen.

Ist dem Tier die Angst nicht zu nehmen, sollten Sie es besser für die Zeit Ihrer Urlaubsreise zu Bekannten, Verwandten oder in eine *gute Hundepension* in Pflege geben.

Tips für den Urlaub mit dem Hund

Immer mehr Pensionen und Hotels, aber auch die Vermieter von Ferienwohnungen nehmen gerne Gäste mit Hunden auf. Fragen Sie in Ihrem Reisebüro, ob man Ihnen ein interessantes und hundefreundliches Urlaubsziel empfehlen kann. Geben Sie schon bei der Buchung an, daß Sie mit einem Setter anreisen.

Sie können mit Ihrem Hund auch einen herrlichen Urlaub auf einem Bauernhof buchen. Viele Anbieter haben sich auf Gäste mit Tieren eingestellt, und besonders für Familien mit Kindern ist diese Art Urlaub ein rundum erfreuliches Erlebnis.

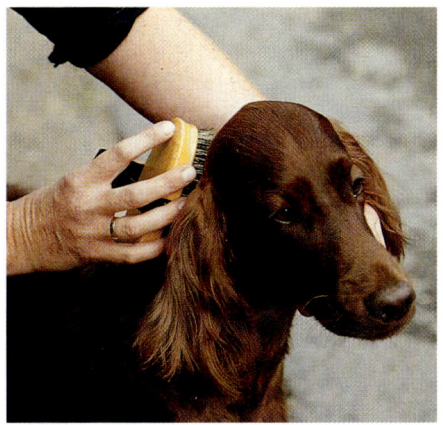

▬ *Das Fell wird mit dem Strich gut durchgebürstet, wobei ...*

▬ *... die Unterseite der Läufe und der Bauch nicht vergessen werden*

Die richtige Pflege

Gute Körperpflege trägt zur Gesunderhaltung Ihres Setters bei. Auch fühlt sich ein gepflegter Hund wohler. Zur Fellpflege gehört *tägliches Bürsten*; am besten eignet sich dazu eine Borstenbürste, für die längeren Haare an Behängen, Läufen und Rute eine Rundbürste. Abschließend wird das Fell mit einem (Fenster)Ledertuch mit dem Strich abgerieben. Dadurch erhält es den gewünschten seidigen Glanz.

Besonders wichtig ist die Fellpflege während des zweimaligen jährlichen Haarwechsels. Tägliches Bürsten, auch gegen den Strich, verringert die Anzahl der im Haus herumfliegenden Haare deutlich und hilft, den Haarwechsel zu beschleunigen.

Hat Ihr Setter sich bei nassem Wetter vollgespritzt, kann er mit einem feuchten Tuch oder mit einem alten Handtuch abgerieben werden. Danach soll er sich zum Trocknen an einen warmen Platz in der Wohnung legen.

Baden – wann und wie oft?

Ein Bad ist für den Setter nur dann fällig, wenn er sich in Aas oder Fäkalien gewälzt hat – für fast jeden Hund eine Instinkthandlung (also nicht schimpfen!). Verwenden Sie nur ein rückfettendes Hunde-Spezialshampoo, damit Haar und Haut nicht austrocknen und um so leichter Feuchtigkeit wie Schmutz annehmen. Die Bakterien abwehrende Säureschicht der Haut bleibt durch diese Shampoos unverletzt. Nach dem etwa 30 °C warmen Bad und dem sorgfältigen Abrubbeln mit einem Frotteetuch bekommt der Hund einen warmen, zugfreien Platz zum endgültigen Abtrocknen des Fells zugewiesen.

Augenpflege

Bei Settern gibt es in der Regel wenig Kummer mit den Bindehäuten. Der „Schlaf" wird mit einem feuchten Leinentüchlein regelmäßig nach außen aus den Augenwinkeln gewischt. Stellen Sie dabei Rötungen fest oder wässern die Augen, kann es zu einer *Bindehautentzündung* kommen. Dann leidet der Hund häufig unter starkem Juckreiz und kratzt sich öfter am Auge. In jedem Fall ist es ratsam, den Tierarzt zu konsultieren. Er wird Ihnen eine entsprechende Salbe für Ihren Hund geben.

Ohrenpflege

Unerläßlich ist beim Setter die regelmäßige Kontrolle (mindestens einmal wöchentlich) und Pflege der stark behaarten, herabhängenden Ohren. Die Reinigung erfolgt mit einem nicht fusselnden *Leinenläppchen* oder

einem Papiertaschentuch, das um den Finger gewickelt wird, und einer speziellen Flüssigkeit zum Reinigen der Ohren. Zuviel Ohrenschmalz, leichte Verschmutzungen und Fremdkörper lassen sich so recht einfach entfernen. Ein verhärteter Ohrenschmalzpfropf kann zu einer *Ohrenentzündung* führen. Es kann aber auch durch andere Ursachen zu Rötungen, Krusten, Ausfluß und/oder üblem Geruch kommen. Im Zweifelsfall konsultieren Sie den Tierarzt.

Wichtig: Keine Wattestäbchen verwenden, da diese bei einer heftigen Bewegung des Hundes zu tief ins Ohr eindringen könnten.

Wenn der Hund unter Jucken oder Schmerzen im Ohr leidet, zeigt er dies durch wiederholtes Kratzen am Ohr und Kopfschütteln an. Die Behandlung ist Sache des Tierarztes.

Zahnpflege

Nachdem der junge Setter im Alter von etwa vier Monaten seine spitzen Milchzähne verloren hat, sollte mit der Pflege der bleibenden Zähne begonnen werden.
Wie wir Menschen kann auch der Hund Karies, Parodontose und Zahnstein bekommen, die Löcher, lose

Zähne oder Zahnausfall, Zahnfleisch-
entzündung und schlechten Mundge-
ruch verursachen. *Mit Büffelhaut-Kau-
knochen* kann den Zahnerkrankungen
gut vorgebeugt werden. Ihre reini-
gende Wirkung beruht auf dem Ab-
rieb der Zahnbeläge und der stärkeren
Speichelbildung beim Kauen.
Darüber hinaus ist es aber ratsam, ihm
die Zähne auch zu putzen. Dank spe-
zieller Zahnbürsten und Zahnpasten
für Hunde ist dies leicht möglich.
Schon dem jungen Hund kann das
Zähneputzen durch viel Lob ange-
wöhnt werden. Außerdem schmeckt
ihm die Hunde-Zahnpasta recht gut,
und sie darf sogar verschluckt werden. Lassen Sie ferner bei jedem
Tierarztbesuch die Zähne auf Zahnstein kontrollieren und diesen, wenn
erforderlich, entfernen.

*Das Beschneiden der Krallen
muß durch eine geübte Hand erfolgen*

Ballen- und Krallenpflege

Trotz seiner elastisch festen Ballen
und der schützenden Haare zwischen
den Zehen kann sich der Hund allerlei
spitze oder scharfe Fremdkörper in die
Pfoten stechen. Andere kleben an den
Haaren oder der Haut fest, etwa wenn
das Tier in warmen Teer getreten ist.
Im Winter kann scharfes Streugranulat
leicht in die durch die Kälte weniger
elastische Haut eindringen. Hinzu
kommen Eisklumpen, die sich an den
Pfoten des langhaarigen Hundes leicht
festsetzen und die Haut zwischen den
Zehen wundscheuern können.
Streusalz ist Gift für Hundepfoten.
Gefährlich ist es immer dann, wenn
es nicht nur zwischen den Zehen,
sondern auch an den Ballen zu Entzündungen führt. Um das zu verhindern, werden die Pfoten nach einem
Spaziergang auf salznasser Straße lau-
warm gewaschen, gut abgetrocknet
und mit Ballenbalsam eingerieben.
Bei Settern, die viel laufen, wird ein
Beschneiden der Krallen kaum erforderlich sein. Wenn es aber nötig ist –
überlassen Sie es dem Tierarzt oder
einem erfahrenen Hundehalter.

Das Thema Gesundheit

Allgemeine Vorsorge

Viel Bewegung an frischer Luft, vollwertige, aber *maßvolle Ernährung* und gute Körperpflege, dazu eine konsequente Erziehung und viel Zuneigung – das ist für den Hund die beste Gesundheitsvorsorge.

Auch Infektionen können dem Setter bei seelischem Wohlbefinden und guter Konstitution weniger anhaben. Dennoch darf auf keinen Fall auf die *Impfungen* gegen die schwersten Hundekrankheiten verzichtet werden.

Die Impfungen

Die fünf schweren und ohne Schutz meistens tödlich verlaufenden Infektionskrankheiten des Hundes können alle nicht auf den Menschen übertragen werden. Durch entsprechende Impfungen (siehe den untenstehenden Impfplan) läßt sich verhindern, daß Ihr Setter daran erkrankt.

Schon beim *Züchter* erhält Ihr Setterwelpe die erste Impfung gegen diese Krankheiten. Später sind *Nachimpfungen* erforderlich, denn keine Schutzimpfung hält ein Hundeleben

Impfplan	
Alter	Impfungen gegen
ca. 8 Wochen	Staupe, Hepatitis, Leptospirose, Parvovirose, Zwingerhusten
ca. 12 Wochen	Staupe, Hepatitis, Leptospirose, Parvovirose, Zwingerhusten
ca. 16 Wochen	Tollwut
ca 1 Jahr mit jährl. Auffrischung	Leptospirose, Parvovirose, Zwingerhusten, Tollwut, Staupe, Hepatitis

lang vor. Wann gegen welche Krankheit geimpft werden muß, können Sie dem nebenstehenden Impfplan entnehmen.

Nach den Impfungen brauchen die Impfstoffe etwa acht bis 14 Tage, bis sie den Hund zuverlässig schützen. Manche Krankheitserreger, besonders das *Parvovirosevirus*, haben sich einigen Impfstoffen gegenüber als resistent erwiesen. Deshalb entwickeln die Pharmaunternehmen immer neue Impfstoffe.

Ihr Tierarzt weiß, mit welchen Präparaten oder Präparatkombinationen ein bestmöglicher Schutz erreicht werden kann.

Der kranke Hund

Der richtig gehaltene und maßvoll ernährte Setter wird selten krank. Sollten sich dennoch Anzeichen eines gestörten Allgemeinbefindens wie Appetitlosigkeit und/oder Teilnahmslosigkeit einstellen, dann beobachten Sie ihn gut.

◆ Zeigen die Augen nicht den gewohnten Glanz?

◆ Hat er Durchfall oder Erbrechen (mit Ausnahme des harmlosen Erbrechens nach Grasfressen)?

Gibt es weitere Symptome, die auf eine Erkrankung hinweisen?

Bei Erkrankungsverdacht messen Sie die Temperatur des Hundes zu verschiedenen Zeiten. Genaue Angaben sind für den Tierarzt hilfreich.

Fieber und Fiebermessen

Die Normaltemperatur des Setters liegt bei 38 bis 39 °C. Steigt sie über 39 °C, hat er Fieber. Meistens läßt dies auf eine Entzündung, also auf eine bakterielle Infektion schließen. Auch Untertemperatur (weniger als 38 °C), wie sie oft nach einem Schock (etwa bei Unfall), inneren Blutungen oder einem Kollaps (häufig bei großer Hitze) auftritt, kann gefährlich werden und erfordert neben Ruhigstellung des Tieres sofortige tierärztliche Hilfe. Auf Fieber deuten Symptome hin wie

◆ trübe Augen,
◆ ein heißer Körper,
◆ eine trockene, warme Nase.

Bei solch eindeutigen Anzeichen muß die Temperatur gemessen werden. Die Messung geschieht rektal, wobei das Thermometer mit Hilfe von Vaseline oder neutraler Hautcreme eingeführt wird. Der liegende oder auch stehende Setter wird beim Messen an der Rute festgehalten. Verwenden Sie unbedingt ein *digitales Thermometer*, das schon nach Sekunden das Ergebnis anzeigt.

Eingeben von Arznei

■ Flüssige Arzneien werden mit einem Löffel, einer Pipette oder einer Einwegspritze ohne Nadel seitlich ins Maul eingeflößt. Halten Sie den Kopf des Hundes dabei nicht zu hoch, damit er sich nicht verschluckt.

■ Pillen und Kapseln müssen ihm möglichst weit hinten auf die Zunge gelegt werden. Achten Sie darauf, daß er sie auch wirklich schluckt!

Wenn der Hund Parasiten hat

Es ist leider nahezu unmöglich, einen Hund gänzlich vor Parasiten zu schützen. Sie können aber durch regelmäßige Kontrollen und frühzeitige Gegenmaßnahmen dafür sorgen, daß der Hund nicht längere Zeit unter Parasiten zu leiden hat. Dadurch ersparen Sie dem Hund Unwohlsein oder auch Krankheiten.

Am wirksamsten verhindern Sie Ungezieferbefall durch *Hygiene*. Ein gut gepflegter Hund gibt Parasiten weniger Chancen, sich einzunisten und zu vermehren. Eine Übersicht über Prophylaxe oder Behandlung von Parasitenbefall finden Sie auf Seite 85.

◆ *Flöhe*

Selbst der bestgepflegte Setter kann von Begegnungen mit anderen Hunden Flöhe mitbringen. Den Befall

Häufiges Kratzen weist auf Flohbefall hin. Der Setter kann sich sowohl im Freien als auch durch Kontakt mit anderen Hunden infizieren

erkennen Sie daran, daß sich Ihr Hund dauernd kratzt. Die Flöhe (vgl. Zeichnung auf Seite 84) und deren rötlichbraunen Kot können Sie auf der Haut Ihres Hundes entdecken. Die Blutsauger bevorzugen den Hals, die Umgebung der Ohren und die Innenseiten der Oberschenkel. Ihre Eier legen sie zumeist in der Hundedecke und im -körbchen ab.

Nicht nur Hunde-, sondern auch Katzen- und Igelflöhe befallen den Hund. Werden die ersten übersehen, so bringen sie innerhalb von 14 Tagen eine neue Flohgeneration hervor und ver-

hundertfachen sich so immer weiter. Das kann beim Hund sogar zu Blutarmut führen. Außerdem entstehen durch das ständige Kratzen möglicherweise Ekzeme, und schließlich können die Flöhe auch noch verschiedene Krankheitserreger übertragen. Um sie zu bekämpfen, wird das Fell mit einem Floh- oder Läusekamm sorgfältig durchgekämmt. Auch der Einsatz eines chemischen Mittels wie eines Sprays, Puders oder Badezusatzes ist oft nicht zu umgehen.

Neuerdings ist es auch möglich, den lästigen Flöhen mit einem für den

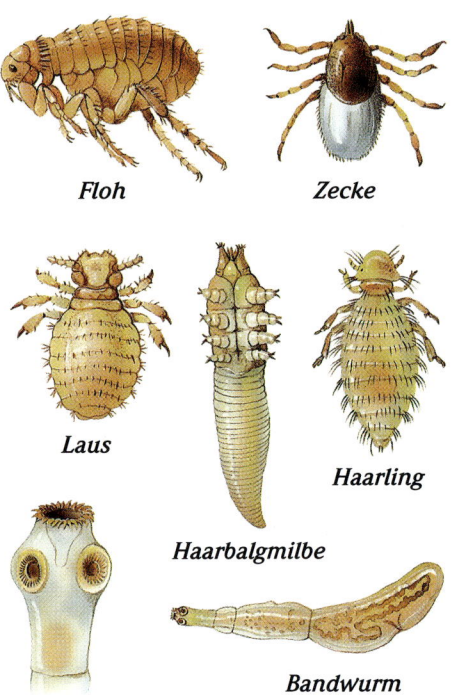

Floh   **Zecke**

Laus

Haarling

Haarbalgmilbe

Bandwurm

Bandwurmkopf

◆ *Läuse*

Läuse und Haarlinge verursachen starken Juckreiz, Ekzeme und schließlich Haarausfall. Sie leben von den Hautschuppen des Hundes, manche auch von seinem Blut. Mit einem *Läusekamm* können sie und ihre Eipakete aus dem Fell herausgekämmt werden. Bekämpft werden sie mit den gleichen Mitteln wie die Flöhe.

◆ *Milben*

Auch Milben verschiedener Art können dem Setter das Leben schwermachen. *Haarbalgmilben* bewirken Haarausfall, *Herbstgrasmilben* verursachen starken Juckreiz und durch Kratzen Hautentzündungen, *Ohrmilben* sind für die Ohrräude und Ohrentzündungen verantwortlich. Bei Verdacht auf Milbenbefall sollten Sie nicht lange warten, sondern den Tierarzt aufsuchen!

◆ *Würmer*

Vor allem Welpen werden gelegentlich von *Spulwürmern* befallen. Deshalb sollte regelmäßig nach Vorschrift des Tierarztes eine Wurmkur durchgeführt werden. Erwachsene Hunde bzw. deren Kot ist auf Finnen und Eier von *Bandwürmern* zu kontrollieren, aber auch auf Spul- und andere Würmer.

Hund gut verträglichen Medikament zum Einnehmen zu begegnen. Dieses Anti-Flohmittel bewirkt, daß sich die Floheier nur unvollständig entwickeln und absterben, weil sie keine Chitinhaut mehr bilden können. Auch der Chitinpanzer der Flöhe selbst wird durch das Medikament so weich, daß sie nicht mehr richtig laufen oder springen können.

Selbstverständlich sind Hundekorb, -matratze und -decke ebenfalls sorgfältig zu säubern.

Parasiten und ihre Bekämpfung	
Parasiten	**Möglichkeiten der Bekämpfung**
Flöhe	*Badezusatz, Flohhalsband, Flohkamm, Puder, Medikamente*
Haarlinge	*Läusekamm, Puder, Spray*
Läuse	*Läusekamm, Puder, Spray*
Milben	*Badezusatz, Puder, Spray*
Haarbalgmilben	*Badezusatz, Puder, Spray*
Ohrmilben	*Behandlung durch den Tierarzt*
Würmer	*Wurmmittel vom Tierarzt*
Zecken	*Herausdrehen mit der Zeckenzange, Zeckenhalsband*

Würmer werden vor allem von Hund zu Hund, über Hundekot, über den Verzehr von rohem Fleisch oder Fisch, über Flöhe und andere Ektoparasiten übertragen. Gefährlich für den Menschen ist nur der sehr seltene Bandwurm *Echinococcus granulosus*. Hunde mit Wurmbefall leiden unter Juckreiz und zeigen das sogenannte „Schlittenfahren", das heißt, sie rutschen mit dem Hinterteil über den Boden. Sie verlieren den Appetit, magern ab und können sehr krank werden. Auch hier ist ein rechtzeitiger Tierarztbesuch unumgänglich.

◆ *Zecken*

Der Setter kann von Zecken besonders leicht befallen werden, da er sich gern zwischen hohen Gräsern und im Gebüsch aufhält. Die Zecken lassen sich auf den Hund fallen, beißen sich in der Haut fest und saugen sein Blut. Wegen des langen Haars sind sie schwer zu entdecken. Tasten Sie Ihren Hund daher nach Waldspaziergängen ab. Zecken müssen vollständig aus der Haut entfernt werden, sonst können Entzündungen entstehen. Sie lassen sich mit einer Zeckenzange fassen und aus der Haut herausdrehen.

nicht ständig getragen werden. Außerdem belästigt es die feine Nase des Setters – und die Ihre.

Besorgen Sie Zeckenhalsbänder nur beim Tierarzt. Die billigeren Ausführungen aus dem Zoofachhandel lösen nicht selten Hautallergien aus.

Wenn der Hund alt wird ...

Setter sind vital und in der Regel völlig gesund. Bei viel Bewegung und richtiger Ernährung bleiben sie schlank und sind recht langlebig. Sie erreichen ein Alter von zwölf bis 15 Jahren und manchmal sogar noch mehr. Für einen so großen Hund ist das ein hohes Alter.

Portrait einer zehnjährigen Irish-Setter-Hündin

Solange es Ihrem alten Freund noch schmeckt, solange er einigermaßen hören, sehen und sich *ohne große Schmerzen* bewegen kann, erfreut er sich noch seines Lebens in der Nähe seiner geliebten Menschen. Doch sobald sein Zustand für ihn unerträglich zu werden droht, rufen Sie den Tierarzt, damit er ihn in seiner gewohnten häuslichen Umgebung erlöst. Ersparen Sie Ihrem treuen Begleiter unnötige Qualen und schmerzhafte Behandlungen. Bleiben Sie in seiner letzten Stunde bei ihm. Er hat es verdient.

Wichtig: Verwenden Sie weder Öl noch Alkohol, um die Zecken damit zu beträufeln, denn dann sondern sie im Todeskampf noch mehr Gift ab, so daß sich die Schwellung weiter vergrößert.

Während des Aufenthalts in Feld und Wald werden diese und andere Parasiten durch ein *Zeckenhalsband* daran gehindert, sich auf dem Hund festzusetzen. Wegen seines chemischen Giftstoffes sollte dieses Halsband aber

Setterzucht und Hundeschauen

Voraussetzungen für die Setterzucht

Sie brauchen viel Know-how, Begeisterung und Idealismus, wenn Sie mit der Hundezucht beginnen wollen. Eine weitere Voraussetzung ist die Mitgliedschaft in einem der anerkannten *Setter-Clubs*, die wiederum dem jeweiligen *Landesverband* angeschlossen sein müssen. Das sind in den deutschsprachigen Ländern der *Verband für das Deutsche Hundewesen* (VDH), der *Österreichische Kynologenverband* (ÖKV) und die *Schweizerische Kynologische Gesellschaft* (SKG) – Adressen siehe Seite 92. Diese Clubs sind im Welthundeverband, der *Fédération Cynologique Internationale* (FCI), zusammengeschlossen (Adressen siehe Seite 92). Und Sie brauchen eine Hündin mit Papieren eines der angeschlossenen Verbände mit lückenlosem Stammbaum über drei Generationen hinweg. Dann haben Sie die wichtigsten Voraussetzungen für die Zucht erfüllt. Bei der Auswahl eines passenden *Rüden* wird Sie der Zuchtwart des Vereins beraten, und da Vater Setter die Sache nicht um des Vergnügens willen machen darf, müssen Sie sich mit dessen Besitzer über Terminfragen und *Decktaxe* einigen. Diese sollte den Wert eines Welpen nicht übersteigen, doch werden bei mehrfachen Ausstellungssiegern auch höhere Beträge gefordert.

Haben Sie Gefallen an der Hundezucht gefunden, sollten Sie dennoch bei nur einer oder zwei Zuchthündin-

nen bleiben. So lassen sich die individuellen Eigenschaften jedes jungen Hundes erkennen und fördern. Hunde müssen verschiedene Prüfungen und Bewertungen durchlaufen, bevor sie vom Verband zur Zucht freigegeben werden. Nur dann gibt es gültige Papiere für die Welpen. Ferner wird die Anzahl der Würfe pro Hündin innerhalb eines bestimmten Zeitrahmens reglementiert. Damit soll verhindert werden, daß die Hündin überfordert wird und der Nachwuchs schwächlich ausfällt.

Wenn Sie mit Ihrer Setterhündin züchten wollen, ist es unumgänglich, daß Sie das Gespräch mit dem Zuchtwart Ihres Vereins sowie mit erfahrenen Setterzüchtern suchen und sich darüber hinaus weiterführende Literatur beschaffen. Für die Auswahl eines passenden Deckrüden wie für die sachgerechte Betreuung der trächtigen Hündin, für Geburt und Aufzucht der Welpen sind sehr viel theoretische Kenntnisse und züchterische Erfahrung erforderlich. Die nachfolgenden Stichpunkte sind daher nur als kurze Erstinformation gedacht.

◆ Eine Hündin wird in der Regel zweimal jährlich läufig.

◆ Die Läufigkeit dauert etwa 3 Wochen, davon entfallen ca. 10 Tage auf die Vorbrunst mit blutigem Ausfluß

vom 3. bis zum 7. Tag. Vom 9. bis zum 16. Tag nach dem ersten blutigen Ausfluß ist die Hündin empfangsbereit.

◆ Die Tragezeit beträgt 56 bis 70, meist jedoch 63 Tage.

◆ Die Hündin wirft meist 4 bis 11 Welpen. Auch größere Würfe kommen vor, die beim English Setter bis zu 22 Welpen stark sein können.

◆ Die meisten Hündinnen haben 8 Zitzen, 10 bis 12 Zitzen kommen ebenfalls vor.

◆ Die Säugedauer beträgt 6 bis 8 Wochen.

◆ Ab der 3. Woche füttert die Hündin vorverdaute Nahrung zusätzlich zur Muttermilch.

◆ Zwischen der 8. und der 12. Lebenswoche werden die Welpen abgesetzt.

◆ Von der 10. Lebenswoche an gibt der Züchter die Welpen ab.

Die Zuchthündin

Die Geburt verläuft bei der Setterhündin fast immer komplikationslos. Die Welpen kommen etwa im Viertelstundenrhythmus, so daß der Hündin genügend Zeit zum Aufreißen der Fruchtblase, zum Durchbeißen der Nabelschnur und zum Trockenlecken der Welpen bleibt.

Einzige Nahrung der Welpen ist in den ersten drei Wochen die *Muttermilch*. In dieser Zeit muß die Hündin natürlich besonders gut gefüttert werden. Wöchentlich verdoppelt sich jetzt das Geburtsgewicht der Welpen. Ab der dritten Woche kann mit der *Zufütterung* begonnen werden.

Die Hündin muß sich jetzt vor den Welpen regelrecht in Sicherheit bringen, denn deren spitze Zähnchen bereiten ihr während des Säugens ziemliche Schmerzen. Für einen erhöhten Liegeplatz oder eine niedrige Gittertür, hinter die sie sich zurückziehen kann, ist sie dankbar. Im Alter von acht bis zehn Wochen sind die Welpen fast vollständig entwöhnt. Von der zehnten Woche an werden sie an ihre künftigen Besitzer abgegeben.

English Setter (orange belton) bei der Bewertung während einer Hundeschau

Hundeausstellungen

Mit ihrer Schönheit und ihrem gelassenen Wesen sind Setter ideale Ausstellungshunde. Viele Besitzer besuchen mit ihren Hunden solche Veranstaltungen, um Preise und Titel für ihre Lieblinge zu gewinnen. Wer ausstellt, weiß aber auch, daß die Hunde nur Erfolgschancen haben, wenn sie *absolut fit* sind. Ausgiebiges Körpertraining ist also ebenso wichtig wie sorgfältige *Fellpflege*. Die meisten Setterbesitzer gehören einem örtlichen oder regionalen *Setterclub* an. Dort gibt es mindestens wöchentlich Zusammenkünfte auf Übungsplätzen.

Sinn der Schauen

Für Verbände und Clubs sind die Schauen auch eine Art Auswahlverfahren für Zuchthunde. Zuchtgeeignet ist ein Setter, der mindestens zweimal „vorzüglich" oder „sehr gut" erhalten hat, eine Frühjahrs- oder eine Herbstprüfung sowie eine Schußfestigkeitsprüfung bestanden hat. Mit den HD-Einstufungen „normal", „fast normal" und – in Ausnahmefällen – „HD-leicht" kann der Setter zur Zucht zugelassen werden.

Engagierte Setterbesitzer wollen natürlich auch wissen, wie ihr Hund im Vergleich mit seinen Rassegenossen abschneidet. Dabei geht es auch um Titel wie Nationaler oder gar Internationaler Champion. Doch hier liegt die Meßlatte sehr hoch. Zuerst muß viermal innerhalb eines Zeitraumes von mehr als einem Jahr bei *Ausstellungen* in drei verschiedenen Ländern und unter drei verschiedenen Zuchtrichtern die Anwartschaft, genannt „CACIB" (Certificat d'aptitude au championat international de beauté) erworben werden. Dafür muß der Hund in seiner Klasse mit „vorzüglich 1" gewinnen und daher wirklich hervorragend sein. Der Zweitplazierte (vorzüglich 2) erhält ein sogenanntes „Reserve-CACIB". Das ermöglicht ihm die Anwartschaft, falls der Sieger bereits Internationaler Champion ist oder falls dessen Papiere nicht vollständig sind. Das Auswahlverfahren für den Titel „Nationaler Schönheits-

Champion", der auf nationalen- sowie auf Club- oder Vereinsschauen erworben werden kann, erfolgt in prinzipiell gleicher Weise. Nach ebenfalls vier gewonnenen Anwartschaften mit der Bezeichnung CAC (Certificat d'aptitude au championat) wird der Titel zuerkannt. Hierfür kommen Vorzüglich-1-Hunde in Betracht, für das Reserve-CAC in Ermangelung eines Vorzüglich-2-Hundes ausnahmsweise auch ein Sehr-gut-1-Hund.

Als Jagdhunde benötigen die Setter zum Erlangen des nationalen oder internationalen Championats den Nachweis der bestandenen Arbeits- bzw. Gebrauchshundeprüfung.

Einteilung der Klassen auf Hundeschauen

Um eine möglichst gerechte Bewertung durchführen zu können, werden *Einteilungen* nach Alter und Geschlecht vorgenommen.

Nur in der *Jüngstenklasse* werden auf kleineren Zuchtschauen beide Geschlechter zusammen bewertet. Sie erhalten ohnehin noch keine Noten, sondern werden danach eingestuft, was sie für die Zukunft erwarten lassen. Dabei reicht die Bewertung von „wenig versprechend" bis „vielversprechend". Hündinnen und Rüden konkurrieren also in getrennten Klassen.

Zufriedenheit nach erfolgreicher Teilnahme an der Hundeschau

Für Hunde, die schon einen Titel erworben haben, gibt es die „Championklasse". So haben alle Hunde in der *offenen Klasse* die Möglichkeit, die Anwartschaft zu erlangen.

Teilnahmevoraussetzungen

Soll der Hund auf einer Ausstellung vorgeführt werden, muß der Besitzer folgende Papiere vorweisen:

◆ Stammbaum der letzten drei Generationen vom zuständigen Verband, der der F.C.I. angeschlossen ist,

◆ Gültiger Impfpaß, aus dem hervorgeht, daß die erforderlichen Impfungen, wie z.B. gegen Tollwut, dem Hund noch Schutz bieten,

◆ Vorherige schriftliche Anmeldung,

◆ Quittung über die Teilnahmegebühr.

Von einem Hund werden auf einer Hundeschau *vorbildliches Benehmen* und *Gehorsam* sowie *Gelassenheit* während der Vorführung und der Bewertung durch die Richter erwartet – eine Nervenbelastung auch für den Besitzer. Aber auch ohne Championat ist der Setter ein Hund, der seinen Menschen viele Jahre Freude bringt.

Anhang

Wichtige Kontaktadressen

Fédération Cynologique
Internationale (FCI)
Rue Leopold II, No. 14
B-6530 Thuin (Belgien)
Tel.: 00 32-71-59 12 38
Fax: 00 32-71-59 22 29

Deutschland

Verband für das Deutsche
Hundewesen e.v. (VDH)
Westfalendamm 174
D-44141 Dortmund
Tel.: 02 31-56 50 00
Fax: 02 31-59 24 40

English Setter Club Deutsch-
land e.v.
Klaus-Peter Färber, Hauptstraße 51
D-55437 Nieder Hilbersheim
Tel.: 067 28-12 84

Gordon-Setter-Club
Deutschland e.v.
Dr. Peter Reiser
Feldstraße 49
D-45549 Sprockhövel
Tel.: 023 24-78 897

Irish-Setter-Club Deutschland e.v.
Bernd Kleine
Berg 1
D-58540 Meinerzhagen
Tel.: 023 58-347

Jagdgebrauchshundeverband
e. V. (JGHV)
Die Anschriften der angeschlossenen
Jagdgebrauchshunde-Vereine und der
Jägerschaften sind über die jeweiligen
Rasseclubs zu erfragen.

Verein für Pointer
und Setter e. V.
Jürgen Gibramczik
Intweg 2
D-27612 Loxstedt-Ueterlande
Tel.: 047 40-772

Österreich
Österreichischer Kynologen-
verband (ÖKV)
Johann-Teufel-Gasse 8
A-1238 Wien
Tel.: 0222-887092

Schweiz
Schweizerische Kynologische
Gesellschaft (SKG)
Falkenplatz 11,
CH-3012 Bern
Tel.: 031-235819
Fax: 031-240215

Weiterführende Literatur

Baumann, Doris:
Hunde erziehen
Ulmer, Stuttgart 1995

Beck, P.:
Das Beste für meinen Hund,
Profitips für Hundefreunde
Franckh-Kosmos, Stuttgart 1995

Klinkenberg, Tillmann:
Hundeerziehung ohne Zwang
Naturbuch, Melsungen 1985

Rothweiler, Reinhold, & Steidl,
Herfried:
Setter und Pointer
Parey, Hamburg und Berlin 1993

Schwoyer, Hilde:
Setter und Pointer
Franckh-Kosmos, Stuttgart
1991

Wilcox, Bonnie, & Walkowicz, Chris:
Kynos-Atlas – Hunderassen der Welt
Kynos, Mürlenbach 1990

Register

Register

Zum Thema „Hunde" sind im FALKEN Verlag u. a. bereits erschienen:
„Agility" (Nr. 4873), „Dalmatiner" (Nr. 1757), „Ein junger Hund zieht ein" (Nr. 1678), „Ein neues Zuhause für Streuner und Tierheimhund" (Nr. 1512), „Erfolgreiche Hundeerziehung" (Nr. 4808, auch als Video unter der Nr. 6198 erhältlich), „Golden Retriever" (Nr. 1643), „Grundausbildung für Gebrauchshunde" (Nr. 4750), „Labrador Retriever" (Nr. 1677)

Dieses Buch wurde auf chlorfrei gedrucktem und säurefreiem Papier gedruckt.

Die Deutsche Bibliothek – CIP-Einheitsaufnahme

Bielfeld, Horst:
Setter : Auswahl, Pflege, Erziehung /
Horst Bielfeld. – Niedernhausen/Ts. : FALKEN, 1997
 ISBN 3-8068-1808-8

ISBN 3 8068 1808 8

Umschlaggestaltung: Peter Udo Pinzer
Layout: David Barclay, Neu-Anspach
Titelbild und Umschlagrückseite: Horst Bielfeld, Jameln
Fotos: Horst Bielfeld, Jameln
Zeichnungen: Andrea Salisch, Wiesbaden
Redaktion: Dr. Gabriele Schweickhardt/Kathrin V. Crinius
Produktion und Satz: VerlagsService Dr. Helmut Neuberger & Karl Schaumann GmbH, Heimstetten

Druck: Druckhaus Cramer, Greven

817 2635 4453 6271